U0905654

행복한 출근길

工作禅

为什么辛苦付出却不开心

[韩] 智光大师 著
(Ven. Pomnyun Sunim)

刘珊珊 译

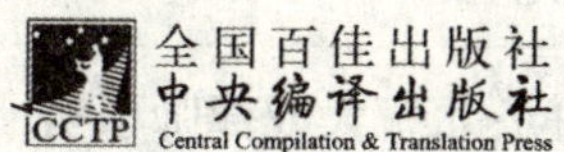

全国百佳出版社
中央编译出版社
CCTP
Central Compilation & Translation Press

图书在版编目(CIP)数据

工作禅：为什么辛苦付出却不开心／（韩）智光大师著；刘珊珊译. -北京：中央编译出版社，2010.4
ISBN 978-7-5117-0280-7

Ⅰ. ①工… Ⅱ. ①智… ②刘… Ⅲ. ①成功心理学
Ⅳ. ①B848.4

中国版本图书馆 CIP 数据核字(2010)第 062385 号

工作禅：为什么辛苦付出却不开心 **智光大师 著**

出 版 人：和 龑
责任编辑：张维军
出版发行：中央编译出版社
地　　址：北京西单西斜街 36 号(100032)
电　　话：(010)66509236　66509360(总编室)
(010)66509361(编辑室)　(010)66509364(发行部)
(010)66509618(读者服务部)
网　　址：www.cctpbook.com
经　　销：全国新华书店
印　　刷：三河市文阁印刷厂
开　　本：640×960　1/16
字　　数：110 千字
印　　张：11.25
版　　次：2010 年 5 月第 1 版第 1 次印刷
定　　价：22.00 元

本社常年法律顾问：北京大成律师事务所首席顾问律师　鲁哈达

前　言

从此刻起，做个幸福的人

人活于世，衣食住行必不可少。而生存所需，必然要通过辛苦劳动得来。人们结社而居，也正是因为集体劳动的效率要远远高于独自工作。除此之外，人们还希望得到他人的关注，提到“幸福”，必要富甲一方、出类拔萃、声名远播，即具备荣、华、富、贵。

芸芸众生，都在追逐荣华富贵，并为此卖命工作。问题是工作会给人带来无尽的烦恼：忙于农事的农夫也好，白手起家的创业人也好，奔波职场的上班族也好，都面对着劳作中滋生的种种烦恼。

比起孤家寡人的生活，众人团聚一起欢声笑语当然更好，但是偏偏聚到一起的人们又会产生矛盾，为此苦恼烦闷。每个人都希望别人能理解和接受自己，但这并非易事，所以得不到接纳时就被自卑心理纠缠。只有工作才能生存，可工作中苦恼不断；生活到一起才能感受到温暖，可生活中矛盾也寸步不离；渴望别人的理解，却总是遭遇误解和冷眼。

职场是人们聚在一起工作的场所，必然会产生各种各样的问题。但是如果占据了一天大部分时间的职场生活煎熬难捱，那你多半的人生也只能是痛苦不堪了。

“为什么要去公司上班?”针对这个问题开展的问卷调查结果显示，“为了活下去”是最一致的回答。“通过职场生活实现自我，获益良多”可以说是难以企及的境界。事实上人们在职场工作得越久，越会变得热情尽失，疲惫不堪。我们为了活下去而上班，这当然是正确且最坦率的回答；但如果你上班的意义就仅止于“活下去”，那势必会渐渐对自己的人生产生怀疑：“活着到底为了什么?”

然而，工作甚至让你没有时间来思考活着的意义。对看不到前途的事业的忧惧，人际关系中的烦恼，因追求高薪和渴望提拔而产生的压力，难以兼顾的家庭和事业，理想与现实的悬殊，职场中进退两难的尴尬处境，找不到答案的职场困惑，业务繁重引发的身心俱疲……人们迫切地想从这些问题中脱身。烦恼太多，会逼得人们不惜辞去工作，甚至抛弃事业；人际交往中的矛盾使人们不惜选择分离；经济上沉重的压力也使人们喘不过气。

但停下来稍作休整之后，人们还是会重新进入职场，重新结识陌生人，继续参与激烈的竞争。虽然为解决问题努力过，但是不仅没有解决问题，还会陷入无休止的恶性循环。最终消沉、一蹶不振，甚至绝望：“这就是所谓的人生吗?”

我们不妨从内部来找找原因。面对矛盾和痛苦，别再怨天尤人，而是将审视的目光转到自己身上，自我审视。你会发现，那些死死纠缠的痛苦，不是别人加诸于你，而是你自己亲手造成的。寻找到根源，问题自然能顺利解决。

如果否定了职场生活与自身幸福的联系，就绝对无法拥有幸福的人生。如果你认定工作只不过是一种赚钱手段，我们需要用工作赚来的钱财去别处寻找幸福和自由，那么幸福和自由就会离你越来越远。丢掉"为了明天，牺牲今天"的想法吧，你该努力拼搏，使自己在当下的每分每秒都能欢愉幸福地生活。

我由衷希望诸位亲爱的读者能通过阅读此书，向通往幸福的路上迈出一大步。

2009年 春

智光大师

(Ven. Pomnyun Sunim)

目　录

第一章 我真的希望可以快乐工作

——调整心态，营造幸福的职场生活

大师，我想问：

我在职场已经工作了10年，可自己的事业却毫无成就感可言。但由于工作稳定，大家都很羡慕，我也就坚持了下来。可由于我不擅长人际交往，业绩平平，我越来越没有自信。一想到之后还要这样工作，我就非常焦虑。大师，我该怎么办呢？

直面苦恼的自己

“为什么要去公司上班?”针对这个问题开展的问卷调查结果显示，“为了活下去”是最一致的回答。其实“为了活着”而上班，这是不争的事实，也是最坦诚的回答。正是为了活下去，我们才将一生大部分的时间投放在了工作上。

问卷调查中回答“通过职场生活实现自我，提升自我”的人却是凤毛麟角。大多数人的真实情况是：又累又苦，还得硬着头皮撑下去。

其实，如果职场生活还有几分情趣的话，即便苦点累点，倒也可以忍受。可偏偏为了生活辛苦工作，却终日担惊受怕、看着别人脸色行事。与同事间的明争暗斗就让你应接不暇了，还要小心提防着那些说不定哪天就踩着你往上爬的新人们，这种情况中，哪还敢奢望与同事成为朋友?

同事间的明争暗斗，随时被扫地出门的恐惧，升职的遥遥无期，沉重的工作压力……之所以去忍受这些痛苦，还不就是因为你想再爬得更高一点，赚得更多一点?

可这样辛苦赚来的钱又花在了哪里呢？穿名牌，吃大餐，浓妆淡抹，购房买车。结果只是为些身外物呕心沥血，这样的生活又有什么意义呢？

“人为什么要活着？”这个问题再寻常不过了。活着，并不为什么特别的理由，只要能“活着”即可。那么，怎样的活法才是最好的呢？诚然，所有的人都希望过着幸福的生活，不被苦痛纠缠。

可我们真实的人生又怎样呢？我们为了将来的幸福，选择了上学，选择了婚姻，选择了生儿育女，选择了行走职场或独自创业，可学习艰难，夫妻不和，孩子惹人头疼，职场生活不顺心，创业之路也坎坷。

人们相信两个人一起生活比孤身一人要幸福，于是选择了婚姻，可之后却被婚姻生活几欲逼疯，还不如独自一人生活。可单身就会幸福吗？绝不，因为人们又会被寂寞逼疯。所以这世上熙熙攘攘的男女们纷纷忙于恋爱，相亲，再次投身婚姻生活，继续因为夫妻矛盾而痛不欲生。若婚后无子，免不了跑遍寺庙，求神拜佛，祈祷默念，更有甚者，吃中药，挑战试管婴儿，一番折腾后终于盼得一双儿女，接下来又要为抚养儿女头疼不已。

职场生活也是如此。没有工作的人为寻得一份工作忙里忙外，而有工作的却因为厌恶职场，深陷苦海难抽身的也不在少数。有人因找不到工作苦恼不已，有人却因为有工作痛苦不

堪。其实一份工作在别人眼里是好是坏都不重要，若真如此痛苦，不如干脆利落地抽身脱离。工作本就是为了能够幸福地生活，如果它令你痛苦，不要也罢。

比如说律师和医生，这两个职业可是人人垂涎的金饭碗，但照样有人对此不屑一顾。一份工作有什么了不起？值得你为此紧抓不放，痛不欲生吗？真的没必要。若这份工作是你痛苦的根源，辞职走人又有何难？“舍弃这么好的工作，你是不是犯傻啊？”这些旁人的疑问，大可不必在意，只要安静地离开，做自己想做的事就好。

但是辞了这份工作真的就会幸福吗？这个问题值得探究。即便你另谋出路，怕是也难逃二度苦难的命运。更惨的是，一旦找不到新的落脚地，沦为无业游民，岂不更加郁闷？所以现在就要对自己有个明确的认识。不论是换一份工作，还是辞职玩乐，你的生活都不能有所起色的话，那么舍弃现在的工作，就不是解决问题的最佳选择。

其实，我们不该把注意力集中到“是否该放弃工作”这个问题上，而是应该在坚守岗位的同时，努力去消除我们在职场生活中的种种痛苦。我们该审视的，不是这份工作，而是我们内心“痛苦来自工作”的错误认知。

二话不说先把工作辞了，然后再去追问自己之前苦恼烦闷的原因，大概只会追悔莫及。辞职的确是脱离苦海的计策之一，但却不是上上之策。因为你越是在踌躇难决时撂挑走人，就越有可能在不久的将来后悔不已。

所以我的建议是，**在目前的职位上再忍辱负重一些时候，同时从这一刻起开始修炼心性。**试试看一边工作一边修行是否能使心灵获得安宁。而辞职一事，当你的内心完全平静下来之后再谈，也为时不晚。如此一来，即便最后结果仍是辞职走人，也能无怨无悔。

同样，人们在被婚姻问题所纠缠，疑惑严重到打算离婚的地步时，也应该先持斋坐地，三思而行。你要明白，苦恼的根源既不在于你至今单身，也不是因为你已有的婚姻，而是你的无知。

人在静心深思后，会心如明镜，愈加聪慧，从而做出无悔的选择。即便是钻入婚姻这座“坟墓”，也能将二人世界经营得和和美美，羡煞旁人。问题是**大家在“做，还是不做”的迷茫中，总喜欢把决定权推给别人。做还是不做，这是自己的选择。**

人们在茫然失措时常常会做后悔之事，所以我劝大家做决策前先沉静，先琢磨。只有这样，你才能真正获得幸福，赢得自由。

到底要何去何从？焦头烂额之际，不要天真地妄图以猜测解决问题。先把这沉甸甸的问题放一边，多回头审视自身，勤于思索，待到心如止水胸藏明镜时，无需上下求索，答案自然浮现。

大师，我想问：

我是一名女性，在职场浮沉二十多年了。幼时乖巧，成绩优良，在一片赞扬声中走完了学生时代。但是大学毕业进入职场后，却成了上司、同事厌恶和轻视的对象。我的性格虽说不上直爽豁达，可也并不尖锐刻薄。同事们也承认，虽然我有时是顽固了点，但总体来说还算是中规中矩之人。而且一直以来我都以积极的心态认真对待分内之事，从不敢懈怠。

我不明白的是，自己为何会遭此冷遇。难道是我前世恶事做尽，今生要以此偿还？论年龄，我如今本应身居要职，正处人生得意，风光无限之时，可现实残酷不由人。辛苦了 20 多年，我仍是两手空空，一无所获。如今的我热情耗尽，徒留沮丧，一心只想远离这伤心地。人生真是无定数，让人难以琢磨。也许是我今生要偿还的债太多，不得不继续潜心修身养性？

与其抱怨，不如感恩

如果你有100分的能力，那么在对外发挥时要掌握好火候，只崭露80分即可。这是人生得以惬意而过的良策。试想，如果你有100分的能力，却只对外显露50分，就绝不会平白招来小人嫉妒。也许开始人们会对你不屑一顾，冷眼相看，可日子一久，人们目睹了你泰山压顶时的镇定自若，感受到你待人接物时的真诚有礼，自然会被你折服，乐意与你亲近，你的人气也会一路攀高。可若是你的能力是100分，却将其夸耀为120分甚至150分，职场竞争如此激烈，很快就能检验出你的真实水准，到时能力不足跌入下游的你，就只能被推到清闲岗位上坐冷板凳了。

相信你一定是对职场上的尔虞我诈和明争暗斗厌恶至极，才会发出“我前生到底做了什么孽，今生要落入这火坑之中？我还要在这无边苦海里承受多少煎熬，才能还清背负的孽债？”的感慨。但我只能说，你有这种想法，简直是身在福中不知福啊。你要明白，目前拥有的这份工作，是天降的福祉。你该受宠若惊：“我一定是上辈子积德，否则怎能蒙此恩荣，得到这么优渥的工作?”换个想法，换种心态吧。

“多谢佛祖恩宠，鄙人无德无能，却承蒙厚爱，得到这份工作，真是荣幸至极。我的朋友们踏破铁鞋，遍寻无果，至今闲散在家。而我却有班可上，有丰富的社会生活，这真叫我欢喜不已。多少人卖命工作，却得不到酬劳，而我，工资一月一结，从无拖延。并且直至今日，尚未听到赶我走人的消息，真是不胜感激。”

祈祷时一定要有种真诚朴实的心境，并在职场中快乐做事，积极助人。

而所谓的“遭受轻视”的感觉，则是来自于你深埋心中的自卑感。不是别人厌恶你，而是你自己在厌恶自己。只要在职场尊敬上级，关爱同事，帮助晚辈，在生活中常怀一颗喜悦乐观的心，你眼中的世界将彻底变为另一番模样，那是你从未曾欣赏过的美丽。而奇迹，也会随之降临在你身边。

倘若你嫁作人妇，则只有时常保持愉悦明朗的心境，才能成为一个对丈夫百般温存的贤妻，对孩子万分关爱的慈母。而有个美满幸福的家庭，也会为你在职场上博取一个高高的印象分。

这种生活是近在眼前，触手可及的，为什么人们总认为美妙人生是可望而不可求的镜中花，水中月呢？倘若哪天，幸运女神低眉垂青，抛下一个诱人的晋升机会，请不要急着争抢，

学着谦让他人吧。若你的一番谦让仍挡不住上司对你的执意嘉奖，那就谦恭有礼地接过任命状，明确表态：既然领导如此看重鄙人，自当全力以赴，不负众望。这样一来，便可免去思想负担，轻松上任。

而且，如果事先做一番推让，那么即便最后官升一级的仍是你，也不会招来同僚的嫉妒和怨怼。我舒坦，大家也都不会反感，公司上下，和乐融融，岂不妙哉？如果潜心修行，你便可享有这种畅快人生。

职场生活情趣多多，夫妻关系缠绵温融，还可以身示范，传授孩子惬意生活之道。其实夫妻之间和睦，父母永远笑容可掬，心情舒畅，才是给孩子最好的礼物。我真心祝福各位读者都能参悟个中道理，然后将职场生活调协得有条不紊，顺心顺意。

第二章 这样的同事真要命

——与不对胃口的人共事

大师，我想问：

公司里有位小我十岁但资历比我深厚的女同事，动辄找茬刁难，从不主动打招呼，对我视而不见。我小心翼翼，工作上力求无可挑剔，但依然不见其态度有所转变。无奈的是工作中免不了要与其频繁地打交道，请告诉我怎样应对这种人。

“从她的立场出发，似乎也情有可原”

佛家有言“八万四千烦恼”，就是指人生之苦难以计数。这句话又可表述为“百八烦恼”（《大智度论》有“十缠、九十八结为百八烦恼”。另有说法，六根各有六种烦恼，乘以三世，为“百八烦恼”。——编者注），或者再简洁些，称为“八苦”。而“爱别离苦”和“怨恨会苦”就是这“八苦”中的两苦。

所谓“爱别离苦”，即与相爱之人相隔万里之苦；而“怨恨会苦”，则是指与厌恶之人日日相会之苦。这两“苦”相比，哪种更甚？很多人认为与相爱之人相隔两地要更痛苦，其实不然。能与相爱的人长相厮守，自然圆满，痛就痛在世间万般无奈，常使有情人天涯相隔；而那厌恶之人，本来远离为妙，无奈却要被说不清道不明的因缘捆绑一处，此为其痛处。

婚后才发现自己的另一半与自己并不合适，却又不能立刻分开——苦恼；很爱丈夫，却永远无法爱屋及乌，打心底里喜欢上婆婆，于是日日担忧丈夫会提出与婆婆一起生活——苦恼；进了一家工资优渥、各方面条件都不错的公司，可偏偏遇上令人讨厌的上司或同僚。这时若鼓起勇气辞职走人，养家糊口成问题；若继续周旋职场，只会日渐疲于应付。对这些讨厌的人，想说再见却说不得，这是苦恼之源。

与相爱的人分离，与讨厌的人相遇，难道这是人生注定？当然不是。**人活着，总要与另外一些人相遇或离别。而这些人中，肯定有你喜欢的，也有你厌恶的。**与喜爱的人相遇或与憎恶的人分离，都是心之所盼，所以不会烦扰；而与亲爱的人分离或者与讨厌的人相见，则会生出无尽烦恼。

由此，相遇和分离，喜欢和厌恶共同搭配出四种人生组合，这之中的两种是人人期盼的。而剩下的两种搭配，即相爱却要分离，憎恶却要纠缠，真是让人无法高兴起来的缘分。

这两种境遇中的我们该何去何从？形势由不得自己选择时，人们要么求神告佛，要么妄图借他人之力解决，总之人们总是费尽脑汁以求与相爱之人长相守，与憎恶之人老死不相见。可人为地去打乱自然缘分并不能彻底解除你的痛苦，真正的自由与解脱只有在遵循真道，舍弃自我时才能实现。因此**《信心铭》中说道："至道无难，惟嫌拣择。"喜欢就一定要相守，厌恶则必须分离，这其实是你要丢弃的偏见。**

而问题源于人们自身。进入职场，似乎总有那么一个人与你格格不入。这就好像进了植物园，总有那么一朵花不入你的眼。若这朵扎眼的花儿长在自家花坛里，那便好办得多：摘掉就好；可若开在别人的花坛里，那就没法轻率下手了。这种时候要做的就是抛掉你对这朵花的厌恶之情。

如果执着于个人的喜恶不能自拔，纠缠不休，那么烦恼就会随之而来。喜恶之情来源于我们每个人的 karma（梵语），也就是所谓的“业”（佛家用语。人们在心念的支配下用手做事，用嘴说话，用脑思想，这一切的行为活动，称为“业”——编者注）。所以，既然喜恶之情的产生身不由己，就不应对其过于纠缠。

因此你无须非要跑去厌恶的人身边与其交流，折磨自己，也没必要避而不见视他如瘟疫，更不要整日琢磨如何将他改造成一个让自己看着顺眼的人。你只须顺其自然，敞开胸怀认可此人。

人们都是遵循着自己的“业”来过活，从自身立场出发百思不得其解的事情，若是换位思考，站在那个人的立场上，便可瞬间了然。既然我注定了要与此人相遇，那就该欣然接受他。若是一味纠结于对他的反感厌恶，则只会让自己痛苦。

这位女士，你有两个选择：一是辞去工作远离这位同事，一是理解并接受她。其实在每个相遇的日子里，你可以把她想象成自己的姐妹；而工作上，你可以视她为前辈。多想想她承受的孤独和压力，心中的厌恶之情就能淡去，并逐渐生出理解和同情。

设身处地想一想，你会觉得那些让你窝火的言行似乎也情有可原，似乎并不值得你郁闷生气。这样一来，与她见面时便可以坦然一笑，共事时也轻松自在。我连自己的“业”都无法改变，又怎能妄想去改变他人的呢？这样敞开心怀去理解，去接受之后，同与自己完全不对盘的人一起共事，也不是不可能了。

大师，我想问：

我是一名35岁的职场女性。最近在公司里与上司、同事之间频生矛盾，为此我十分苦恼。公司女上司情绪变化莫测，做事毫无准则，只随着自己的脾性，从不顾虑他人的感受，言辞刻薄，动辄出口伤人。

但是更大的问题似乎出在我身上。我一门心思期望那位上司能承认我的能力，能关注到我。我甚至不能忍受她关心其他同事。下班后或节假日，看不到她时我也会想："是啊，她也不过是看不清自身、终日徘徊迷茫的芸芸众生中的一个罢了。她反而才是那个需要我去承认、去以爱相待的人。她也是个可怜人哪。"这样想着，似乎又能理解她的乖戾暴躁，甚至生出一些同情。但是到了公司见到她，这些想法眨眼间消散殆尽。鬼使神差地，我又开始看她的眼色行事，整个人变得畏畏缩缩。想到她的一举一动都关系着我的命运，我诚惶诚恐，手忙脚乱中屡出失误。我真的很想摆脱这种被别人牵着走的人生，摆脱这种疲惫与苦闷。

摘掉你的有色眼镜

上面这位女士的意思是她认为她的上司有问题，并且想在这位上司面前有所表现的自己也不正常。分析你的问题，我可以得出两个结论。首先你错认为你的上司是个有问题的人，其次你也没有必要为了在上司面前有所表现而时时察言观色。“我要做我人生的主人，我是一个高贵且珍贵的存在，由于我是天地间任何事物都不能代替的高贵存在，所以无需茫然失措，被无谓的担忧束缚。我应该目不斜视，堂堂正正地生活。”

问题在于她不是个坏人，而你却把她看成坏人。就是说你现在正戴着有色眼镜，观望着一个颠倒的世界。首先，要摘掉你的有色眼镜。要知道，不论这个人说了什么不可原谅的话，做出什么不可原谅的事，那也只是一些言语和行为而已。

事实上你现在正用自己的价值观衡量着别人的人生是否倾斜。不是她在折磨你，而是你评判着别人的是非对错，折磨着自己。你的苦恼不是来自身为公司上司的她，而是来自你自己。只有认清这一点，才有望解决问题。无论她说些什么，做些什么，价值观如何，那都是她的人生。**你要意识到自己正在干涉着她的人生，而以自己的价值观、自己的方式来衡量和裁断别人的生活是不可取的。**

你自己的儿女往往都不能按你的期望去成长，不能让你百分百地满意，那么，那位与你毫不相关的上司又怎么可能刚好满足你的意愿呢？把完全不可能的梦当真，并陷在其中做无望的期盼与挣扎，那么劈面而来的残酷现实必然会将这美梦打得七零八落，令你痛苦不堪。

谁是你人生的主人

解决第二个问题的关键是要意识到："我人生的主人就是我"。**我是我人生的主人，无论幸福或是不幸，我的人生都由自己把握。放弃自己的人生，轻视自己的存在，松开自己命运的缰绳，将希望寄托在丈夫、父母、子女或是公司里的某个人身上，每日战战兢兢地生活，只会像个没有灵魂的木偶。**不要认为性格暴戾的上司是错的，也不要在上司面前唯唯诺诺，形神萎缩。睁大眼睛看吧，上司也不过是一个凡人而已。只有在心中有这些正确的认知，才能做到不在意他人眼色，堂堂正正地成为自己人生的主人。

如果你清楚的认识到"我是这个世界上谁也不能代替的尊贵存在"，那么这种自尊意识反而会使你尊重他人，使你理解并接受他人。你之所以把她看作坏人，是你纠结于"我相"而得出的结论。你用你自己的想法和观点判断着这个世界，这是一种傲慢心理。

如果人有傲慢心理，那他最终也会走向其反面——卑微。

就像痴迷于金钱的人会鄙视那些没有钱的人，可是一旦遇上比自己更有钱的人就会变得卑微；沉迷于地位的人无视地位低于他的人，可一旦遇上地位比自己高的人，也会陷入自卑——这就像铜钱的两面，总是同时存在。

如果你能堂堂正正不卑不亢地生活，那么学历、美貌、财产、健康、能力以及青春等这些世人争相追捧的珍宝，在你看来也就没有那么重要了。失去了一条腿，可以装上假肢继续前行；失去了一只眼睛，可以用另一只眼睛来审视世界；两条腿都没有了，可以借助轮椅延续人生。如果欣然敞开心怀，面对所有的苦难都能微微一笑，你就能坚定地掌握好自己的自尊，待人接物也能一派谦和。

佛曰："我的弟子们啊，修行者啊，修行者要堂堂正正，不可卑屈委琐。修行者要谦逊恭谨，不可骄慢狂傲。"但是我们生活的世道却反向而行。我们在生活中反复感受着因优越感而生的骄狂，因自卑感而生的卑屈。

优越感和自卑感都属于精神疾病。"我很了不起"，"我太没用了"，这都是不健康的心理。认为他人都是微不足道的存在，即使死去也与我毫不相关的想法可以使一个人原本鲜活的心灵归于死寂；而认为自身太卑微渺小，以至于即使死去也不足惜的想法则无异于内心的自杀。这两种想法都是精神疾病的表现。

我们每个人都怀有优越感和自卑感。这两者之间稍有距离，属正常状况。但如果间隔太过悬殊，就不是什么好现象了。虽然上面这位女士目前尚无大碍，可她丢失了自尊之心，同时对他人不怀尊敬之情，若不及时医治自己的心灵，会有慢慢转为精神疾病的可能。

人们会因为优越感而产生“夸大妄想”，因为自卑感而产生“被害妄想”。“夸大妄想”与“被害妄想”经常相随而生，所以有很多人在两种心理的交替折磨下自杀。同时产生“夸大妄想”和“被害妄想”的人容易愤世嫉俗，常常做出随意杀人纵火，对街上无辜行人肆意开枪，或挥动利刃伤人的事情。当今社会层出不穷的这些现象，就是来源于比肉体疾患更严重的心理疾病。

以往身体有缺陷的人，比如失去胳膊或腿，或是失明的人在社会上会遭受轻视和冷遇。可是现在，只要精神健康、昂扬向上，肉体上的残疾并不算什么。肉体上有障碍不是问题，因为肉体上的障碍而心生自卑才是问题。

裂唇儿童看不到自己的样子，本来照样可以过得开心快乐。可所有看到这孩子的人们都皱起眉头，惊恐万分地感叹：“天啊，这孩子的嘴巴怎么这副模样!”从他人的表情和言语中，孩子开始慢慢意识到自己原来有缺陷，自卑感随之而生，从此增添了心理上的缺陷。

人们若是连小学都不上，跑进深山老林像原始人一样生活，那么识不识字就不算个问题。以前能上大学的人可谓凤毛麟角，因此握有高中学历的人都能自豪地挺直腰板。但在人人都去读大学的趋势下，没上大学的人便有了自卑感。而最近呢，上了大学却没留过学的人容易产生自卑感。

那么等到所有人都有了留学经历后又会怎样呢？那时的评价标准就会是去哪儿留学，有没有捧得博士学位归来了。而且，这样在学业上拼命争上游之后若是没能找个称心如意的工作，自卑感依旧如影随形，纠缠不放。

而事实上，**客观存在并没有优劣之分，卑微之心是从攀比中产生的。**

致总想随心所欲，恣意行事的你

我想请各位读者思考一下自己的职场生活。人拥有一份自己的工作，就值得珍惜。虽说行走职场是为了赚钱，但其全部意义不止于此。游手好闲的生活为人所不耻，因为大家都相信，一个人必须有目标，并且只有在向着目标努力的过程中，才能充满朝气与活力。

不管你的目标是赚钱，是考试取得好成绩，是抱得美人归，还是修身养性，**只有在定下一个目标并为实现它而努力时，才会活力迸发，锐意进取，并从这个过程中受益良多。但是，每个目标与理想，既能给你带来身心充实的喜悦，又会强行施加给你无尽的痛苦。**所以职场就成了一个既承载了你的人生欢喜，又充满了苦恼和愁闷的矛盾之地。

欢欢喜喜地开了一家店，但经营店面的过程中你又会被愁苦缠绕。同样，被某家公司录取，有了自己的工作，自然欣喜万分，但职场生活中的苦闷也会跟随而来。下属办事利索漂亮，你会为他感到欣慰；但他若是踩着你爬了上去，那心里的

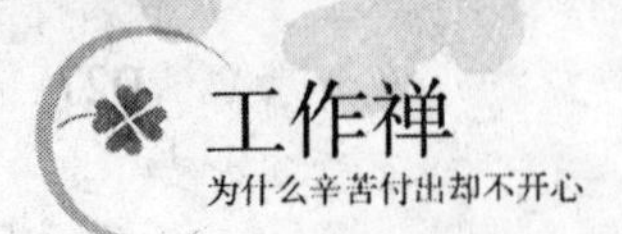

滋味，岂是一个苦字能形容。若上司是位有才能之人，开始还能跟随左右观摩学习，日久天长，这种跟在别人身后处理琐事的寡淡也让你食不甘味了。

所有的情况都是既有好的一面，又有坏的一面。

职场既能让你实现理想，愉快工作；又会带来烦恼，让你苦不堪言。它就是这么一个矛盾地带：地狱和天堂，痛苦和欢乐汇集在一起。情况稍好些，它是天堂，情况糟糕时，它变成地狱。究竟是什么决定着职场在天堂和地狱间的骤变呢?

人们向我倾诉万般痛苦，其实归结起来只有一个目的，那就是“我要随心所欲，心想事成”。想就职，最好面试一次就被录取；干够了，希望可以轻松脱身；想升职，就如愿得到提拔，这样才合他的心意。而现在诸位不快乐，因为事情不如你所期盼的那样顺利。现实中，上司不对胃口，下属不合你意，工作也一团糟糕。现实与幻想的差距，必定令你失落。

其实，大家仔细想想就会明白：**职场既不是天堂，也不是地狱，它只是一个单纯的工作场所。只不过对于想进去的人来说，它变成了天堂；对想出来的人来说，它是个地狱。**进不去的人憧憬着它的美好，争先恐后地往里挤；在里面的人如跌落地狱，整日琢磨着如何把辞呈写得冠冕堂皇，才能顺利脱身。

很多人虽然视职场为地狱，但碍于这地狱支出的优厚报酬而无法决然离去，这种被金钱束缚的人生其实更痛苦。职场，不过是工作场所而已，所谓的天堂或地狱，都是人们在不同的心态下对它做出的评定。视职场为地狱的人们日日企盼逃离，但若是工作时每时每刻都在想着如何逃脱，那么职场生活便会一日如三秋，更加难捱。可见这苦闷是源自人心，而不是职场。

但许多人却忽略自身问题，将痛苦的生活归罪于职场。须了解，这种痛苦源自你心，若你还要在职场待下去，就应当转变心态，视其为天堂并在其中愉快工作；若万般无奈必须离开，就把它认定为地狱，毅然抽身。我人生的主人是我，何必犹疑不决，忍受这痛苦的折磨？

第三章　怒火攻心，愤愤难平之时

——预感并化解一腔怒火

大师，我想问：

当我生气时，我常常会将怒火压抑到心中。说起来其实也不过都是些鸡毛蒜皮的小事，可我总是会被轻易点怒，难以自控。怒气上涌时，是该痛快发泄，还是像现在这样硬生生憋回胸中？请教给我合理调节怒火的方法吧。

是爆发，还是忍耐

怒气翻涌时我们通常有两种选择：一是顺其自然地将蠢蠢欲动的火气发泄痛快，一是让它在心中暗潮汹涌，脸上却若无其事，不露声色。相比之下，第一种选择显然简单易行。但这种随心所欲释放怒火的行为是否可选呢？让我们一起来斟酌。

人们总是在火气爆发之后才体会到发火其实是一件相当耗费力气的事情，因为这需要消耗许多的能量。你发火之后非常畅快，但对方会作何反应呢？会低声下气地承认错误，乞求你的原谅吗？当然不会。

恰恰相反，他们会挺直腰杆，反唇相讥，让你的怒火更加旺盛。你与他人争吵，他们肯定对你狂轰滥炸。你的咆哮、怒吼本来是为了发泄，却被对方的气焰生生压下，自己更加怒火郁结。可见暴跳如雷不仅不能解决问题，反而使自己吃亏。所以，我们再看一下第二种选择：压抑怒火。

压抑怒火是为了谁？当然也是我们自己。气愤难平时任谁都不想违背自己的心意，压抑火气。忍，实属不得已而为之。

但压抑怒火是否就能解决问题？怒火可以强行压制，但若过度压抑，火气郁积乃至瞬间爆发，只会使情况变得更糟。教育孩子也是如此，一再的斥责仍不起效，家长在一怒之下只得动手。苦忍的怒火一旦爆发，人们常常会丧失理智，狂怒不已，甚至在凶猛肆虐的怒潮支配下做出暴力、杀人、自杀等极端行为，后果不堪设想。

强忍怒火对我而言也十分艰难。若是隐忍能了事，那也就罢了。可问题是一再隐忍，肯定会产生问题。天长日久的火气郁积，难免产生压力。压力渐增，甚至会让人郁结成病。韩国女性，尤其是家庭主妇，常常会患上一种“火气病”，就是她们认为“忍是良药”，一再压抑怒火的后果。

我们的社会长久以来流传着“忍”的文化，许多火气郁结者忍无可忍，不得不到精神科去接受一种将火气诱导出来的治疗。人的怒火郁积已久，难以轻易释放。于是治疗中，经常将促使患者生气的人的画像挂于眼前，或是做一个木偶让患者放开双手痛快地给以“教训”。这种治疗的确可以帮人们释放一部分压力，使身心获得短暂的畅快，却不能从根本上解决问题。

对陷入苦闷的芸芸众生，佛祖有何指点呢？**发泄怒火，只求得一时畅快；苦忍怒气，又落得身心为难。这两种方法均不能使你获得最终的解脱。解脱的方法，不是发泄或忍耐，而是不为常人所知的第三条道路——中道**（佛教中的最高真理，即不落入两个极端。脱离二边，即为“中道”——编者注）。那么怎样才能达到“中道”之境界呢？

中道：怒火的调理

人们常说，狂怒之下血液会倒流。人在怒火中烧时往往会陷入理智尽失的状态，所以在怒火攻心时首先要把理智拉回来。“生气”与“发火”不同，“生气”是指气由心生，但尚在胸中。若是将火气释放出来，则是“发火”了。“生气”时人们常常情绪波动，难以控制自己。没有人是在告诉自己“我该生气”之后才生气，而是无意识地、不自觉地怒火上涌。同样也很少有人在怒发冲冠之时还能自省：“啊，我在生气呢。”

狂怒之下，若是不能及时管住自己的怒火，就会暴跳如雷地发泄一通。但若能及时拉回理智，觉察到“我快要生气了”，并小心调理，火气是可以散去的。这就像两块打火石在碰撞中迸出火花，若是此时周边没有引火的棉絮，擦出的火花只能归于寂灭；若是将棉絮递至引火石边，便会瞬间引燃，火势骤升。

由此可见，在愤怒的火苗燃起的那一瞬间敏锐察觉并将其及时掐灭，是非常重要的。所以第一，我们在平常日子里要勤于练习对生气时情绪的观察与把握。但是由于人们生气时常会处于一种“无知”的状态，所以这种练习并不容易。有句话这么说：分分秒秒都要保持清醒。因为只有头脑一直保持警醒，才能在怒气生成的瞬间有敏锐的察觉。

虽说在生成的瞬间加以制止火气能够消散，但只要稍晚一秒钟，已生成的火气就不会很快消失了。所以第二，火气停不住时，要密切关注火气的动态。不是要你去考虑爆发还是忍耐的问题，而是要你严密留意火气发展的态势。这可以称作是化解怒火的持续过程。也就是说，从火气开始生成一直到火气全然消散，这整个过程都要求你密切留意并予以调节，切不可大意分心。

若对火气有所察觉并自觉调理，火气便不会升温，最终慢慢淡去。在有意识的调理下，没有什么火气能持续一两年，甚至会消失于分秒之间。但若是压抑火气，持续的火气会在人体内长时间存留。所以不要再苦苦压抑，而是敏锐察觉火气的生发，持续地对其进行调理，直至火气全然消散。当我们能清楚地感受到火气的存在时，我们称这个调理过程为“观法”。而这种**摈弃了爆发或隐忍，通过观法达到自然消除的过程，即为“中道”**。

是非对错，原无定论

那么人的火气缘何而来呢？一定是有这么一个人，他的言行让你忍无可忍。那么这些言行是不是引起了所有人的愤怒呢？不尽然。有人难以接受，有人则不以为意。只考虑你自己的立场，他的言行的确可恨。

打个比方，当基督教徒针对某些问题发表见解时，同为基督教徒的伙伴们确信不疑，但旁边的佛教徒朋友们听了可能就不太爽快了。总统宣布的某些政策，有些地区的人们对此连连摇头，有些地区的人们则拍手称好。还有时同样的话语，男人和女人听了之后也会有截然相反的回应。

由此可见，**并不是某个人的言行引发了你的怒火，而是相较于你的立场而言时引发了你的错觉**。也就是说，不是他令你发火，而是你闻其言观其行后自己生了火气。而**生气是因为你认为“我对他错”，所以生气其实是在你过于执着于自己的见解或价值观时发生的反应**。所以，若想不生气，将“我才是对的”这一想法放下即可。但这并非易事，下面我们看一个例子。

某处有座山，生活在右侧的人们叫它“西山”，这本来没什么问题。但不要忘了，对生活在左侧的人们来说，它却该叫做“东山”。人们总是死守着自己的立场来指点天下，论断万事。称这座山为“东山”的人认为，“东山”不是他一人在叫，整个村子里的人都这么叫，所以他没错。这就是以多数人的一致意见为凭据将自己的主观认知客观化的行为。

但“是非对错”并不是客观存在，而是主观的。这就是为什么在个人的想法有所改变，地点有所转移，岁月悠然流逝后事物的对错也跟着变化的原因。即便是在同一个国家，如在韩国，新罗、高丽或朝鲜时代对于同一事物也是众说纷纭，评价不一。就是到了现在，也无法保证朴正熙时代的褒贬评价不会在金泳三、金大中时代翻一个个儿。

个人也是如此，诸位读者在为人父母，养得一儿半女后，才深切感受到自己父母的心情，才会恍然明白：年幼时一口咬定的，认为是颠扑不灭的，原来全是错的。

世间原无是非对错。在发火时要懂得自我反省：我又偏激固执了，我又认为只有自己才是对的了。这，就是一种修行。

退一步讲，如若在当时没能察觉，那么也要在发火之后认清此刻自己的情绪状态，并持续地予以关注。如果仍旧火气涌动，那就站到对方的立场上去，将心比心地为对方着想。无论爆发还是忍耐，都应怀着忏悔的心去祷告。不是一定要你满嘴念叨“我错了”，而是在祷告中仔细思考：我究竟错在哪儿了？

这时你应该意识到：“我一直没能理解你的心，其实从你的立场出发，你的所作所为都是情有可原的。可我却固执己见，耿耿于怀，一味地误解你怨恨你，我真的错了。”这样你胸中的怒气便会烟消云散。所以要理解对方，必须先反省自身。忏悔就是让你放下“我一定是对的”的想法，从而为对方着想。

禅宗讲求在生气时参悟“我缘何生发了这一股怒气”，而不是去调理火气或事后忏悔。不要一口咬定“都怪你”或者“都怪我”，而是去探究火气的根源。

从以上方法中择取其一，诚心修行，你的心境必定会比现在平和得多。而这之中，忏悔可以说是最容易的方法。

第四章 是旧巢徘徊，还是另寻高枝

——工作与性格不对盘

个性不是一成不变的

所谓与个性不对盘的工作，就是那些不是我心向往、难以激发个人激情的事。比如说，有人要我唱首作画，而我完全没有这两方面的资质，就只能推脱了事。但若是除此之外别无其它选择，那就另当别论了。迫于生计，我只能赶鸭子上架，埋头苦练歌喉或是折断一支支画笔，以达要求。又或者有人雇我干农活儿，开始可能会茫然无措，但凭着儿时在农村的些许记忆，下地劳动几年，也许就能成为一名务农好手。那如果有人要我做导游呢？凭借我对它的爱好，乐此不疲地搜地图，翻史料，最后肯定给游客们提供最优质的服务。

由此可见，事情不合我资质时，只会低效、费力，做起来索然无味。但若刚好对了个性，那么付出相同的时间和努力，不仅效率高，还能从中感受到快乐。

这种独特的“个性”问题是与每个人的“业”紧密相联的。比如，幼年如何度过，在何种环境中耳濡目染了些什么。印度的司机师傅们技艺高超，开起车来个个如同耍杂技般灵活娴熟，这是为什么呢？因为他们从小练习，驾车这门手艺已烂熟于心。另外，如果老爸开得一手好车，儿子一般也不差。他们不像我们，到了一定年龄才开始学习，自小接触汽车，早早地“把玩”方向盘，如同走钢丝的杂技演员一样，开车也开出一门艺术。对自小就把玩方向盘的人们来说，驾驶就是再合适不过的事情了。

但个性并不是一成不变的，幼年时受过多少训练，对一件事熟悉到什么程度，对“个性”有很大影响。对于习惯之事，往往易如反掌，而完全没经验的事，则不会那么上手。这之中固有天赋相助，但与成长环境也密不可分。

鱼与熊掌，难做取舍

工作与个性不对盘时该怎么办呢？其实终归不过一句话：**让你的个性向与工作对盘的方向上发展。**身为医生却深感从医不适合自己，那改行去做自己喜欢的事情便可，为何仍委曲求全呢？一个字：钱。

当前从事的工作即便与你的个性南辕北辙，但不能痛快放手，原因就在于它能保你衣食无忧。而若是做自己梦想的事情，则可能报酬微薄，甚至一无所获。于是，你便说服自己，念在钱的份上，不喜欢也忍了吧。如果是这样，那你必须做出选择。若是在乎钱，那就不要再去在意这工作合不合你的资质，埋头工作是正道。

许多尼泊尔或者菲律宾的教师、行政管理人员到韩国来做零活营生，是因为杂务零活儿适合他们的个性吗？当然不是。原因是他们虽在这里做零活，却比在自己国家赚钱更多。在饭店或酒吧里工作的女孩们是真心乐意侍候前去找乐的男人们吗？当然不是。委屈自己去做这些，都只是为了钱。他们不会终身从事这些职业，而是企盼着在短时间内凑足一笔钱，再去施展自己的才华。

诸位亲爱的读者，如果你深入内心细细寻索，会发现你对**当前不对盘的工作的苦恼与憎恶其实是来源于你的野心。**

你梦想着能有一份这样的工作：既合自己的个性，又提供优渥的报酬。但现实却非如此。当前的工作实在难以继续，你大可今天就辞职，重新寻觅自己向往的工作。如果新工作还是不合心意，你也不必一味勉强，不必怨天尤人，只须轻松地道一声“再见”。不管一天给我一万还是三万，我就是吃泡面过活，也不要再纠缠在这份工作上。

“纵以千金来聘，绝不改变心意。”你一定有过这种想法吧？既然这么想了，就付诸行动吧。也许你会说，如今经济如此不景气，怎么能随便辞掉工作呢？就业是很困难，但只要稍加努力，你就不至于饿着自己。哪怕是去做清洁工，做短暂的兼职，都能保证三餐无忧。

如今在这世上，仍有多达 12 亿左右的人为了最基本的温饱四处奔波。试问，这 12 亿人哪来的闲心去计较这救命的工作是否称心如意？

我最近也是每日都接触北韩（即朝鲜——编者注）的消息。得知有这么一个家庭，父母实在无力养活两个孩子，万般无奈下，他们各抱一个孩子挥手离别，并约定，若是万幸捱过凶年，得以存活，再图相聚。看着这一幕，我疼得揪心，心中的苦恼也都散去了。诸位叫嚷着辛苦、抱怨着人生的读者们若是看到这情形，大概也会不自觉地停止抱怨吧。

因此，如果你要谋生，真的没必要去计较工作是不是适合自己的性格。但如果你追求的就是尽情地挥洒才情，那也不成问题。我们国家在尽力保证每个人的基本温饱，如果你愿意，就放弃奢华生活，清心寡欲，乐天知足，专心致志地从事自己喜欢的职业吧。

难以放手，是有理由的

那么对这两条解脱之路视而不见，继续一边抱怨着一遍去工作的原因是什么呢？那就是因为现在的这份工作其实还算不错，要再找一处比这更满意的落脚地，实属一桩难事。所以我劝大家，要么寻觅自己喜爱的行当，要么找一个各项条件都不错的公司埋头工作，不再去计较什么合适不合适。

外国劳动者到韩国来工作，从不会像我们这样怨声连天，因为在这里赚的钱远多于故土，再苦再累他们也甘愿，哪有心思去计较工作与个性对不对盘。而我们，拿着不错的薪水，从事着轻松自在的工作，却这山望着那山高，永远不懂得知足。

很多家庭主妇来找我倾诉。老公出轨了，丈夫酗酒了，男人夜不归宿，夫妻性格不合……光是听着她们吐苦水，我都开始担忧这日子还能否过下去，而她们却撑到现在，也真是不容易了。但是话说回来，天天嚷着过不下去，不还是捱到了现在吗？

“既然这么辛苦，不如放开这万般悲苦，到寺里来吧。”

“我可以来吗?”

“当然。”

“在这里什么都不做，是不是也有饭吃呢?”

“为什么想什么都不做呢？人都是要做事的啊。”

“那要做些什么事呢?”

“去厨房为众僧煮饭吧。”

“几点起床呢?”

“凌晨4点。”

“4点就得起床？那会管饭吗?”

“会的。”

“也会给我一个单人间吗?”

“首尔房价这么高，如何能为你准备单人房间呢?当然是大家睡在一起。”

“工资能给多少呢?”

“没有工资。”

“再怎么也该给些零用钱，才能活下去啊。”

“用不着零用钱。你要了零用钱要做何用呢?”

我们进行着这样的对话。诉苦后，她们总会说：大师，我宁可死了，也不想这样活着。这是种什么心理呢？其实她们心里想的是，哪怕丈夫真的有外遇了，丈夫真的性格暴戾，但若是能挣回更多的钱，能让她们住奢华敞亮的房子，能有更豪华的私家车，她们也认了。说到底，全是野心而已。

可是又为何放不开呢？因为即便丢掉当前的生活，也不见得将来的情况会比现在更好。所以，诸位抱怨工作辛劳却依旧原地徘徊的原因就是现在的工作还算不错，各方面条件对自己还算有利。想去更好的公司，难如登天；跟现在公司条件差不多的，怕也不太好找。

我曾经诚心劝告那些苦恼的人们："虔心祷告吧。"可是他们说不喜欢祷告。他们不愿意在真诚的祈祷中获得解脱，因为他们现在的日子还过得去，苦恼是有的，但尚在可忍受的范围内。受不了丈夫，厌倦了妻子，焦心于子女，但心里想的却是：明天会好些的吧？以后总会有变化的吧？这不仅说明你心存希望，还说明现在的日子尚可支撑。

所以说诸位虽然叫苦连天，其实都还没有被逼上绝路，不然早就对这一切苦难说再见了。扪心自问，其实大家还是在挂念着当前状况下对自己有利的因素呢。

正是因为你自己攥紧了这一切不肯放手，才过得如此痛苦。停止对公司或是对爱人的抱怨，正视现实吧。

之所以选择留下，考虑的不是公司的利益，而是出于对所有于你有利的现状的顾虑。如果你不喜欢，大可以换个工作，而这样心有不甘，原地踟蹰，完全是自己的选择。选择由自己做出，之后的伤痛却归结到他人身上，这就是问题的症结。只

有认识到造成这种现状的人是自己，问题才可以得到解决。

既然决定要在这家公司安身立命，何必在每一个工作日里都塞满对上司和同事的厌恶与不满呢？这不仅容易淡化你的职业自豪感，滋长不满情绪，还会使工作变得无聊，效率也极其低下。这样的后果就是晋升的机会变少，上司也会对你不满。既然决定留下来，就学会改变，从心底里热爱本职工作吧！

欲求，应止于所需。世间没有一个定性的“我”。就如同没有形状的水一样，随着器皿的不同，变换着自己的形状。修行的最高境界称为“化作”，意即随从因缘灵活改变。安排你做清洁工作，那就让一切都亮堂起来；要求你唱歌，就爽快地亮亮嗓子丢掉固执，放低自己的姿态，你会发现这样的生活也一样惬意。

大师，我想问：

我在一家小公司里工作两年了。公司只有三个人：老板，我，还有一名兼职的学生。在公司，老板从来都是难得一见，打工的孩子也是来去无常，几乎每天都是我一人独坐办公室。要做的事情不多，无非是些琐碎的银行业务和账目整理。可我不能忍受日复一日地孤身一人承受这满室清冷，连个说话的人都没有。我也打听过其他工作，可我已年近四十，又身无长技，要寻得新工作实在困难。这使我总是心情沉重，郁郁寡欢。

而且老板态度高傲，颐指气使，让我觉得很伤自尊。午饭老板要吃泡面，我得伺候得服服帖帖，为他泡好送上。他却常是吃完就走，留下一桌狼籍。咖啡也是一样，他简直懒得动一根手指。我不止一次问自己，难道真要这样被人践踏着自尊过活吗？但我又迟迟找不到新工作，只好这样竭力隐忍。我尚为单身，下班回到家里也是孤单一人。最近更是情绪消沉，毫无精神。在办公室里有时突然就怒不可遏，烦躁不已，甚至觉得这样的自己十分可怕。

我相信人生要有目标，但无奈的是纵使信心十足地定好目标，干劲十足地努力奋斗，现实还是不如我所愿。大师常说，不要去追求实现目标后的成就感和幸福感，而是在当下、此刻，就感受幸福。所以在早晨醒来后，做一番真心的祷告，想着那些令人感激的事情。在一天的工作开始之前，先对着镜子确认脸上有没有绽开发自内心的笑容。话虽这么说，要我孤零零地在这凄清的办公室里感受幸福，实在是困难。在这个人气消弭，每日遭受蔑视的地方，我该怎么做才能变得幸福呢？

在既定条件下寻找幸福

让我们来分析一下这位女士的情况吧。老板不在公司，没有人在旁边指指点点，耳根岂不是很清净？身边没有成群的同事，岂不是省了你去打理那些令人头疼的人际关系？那么多的上班族都吵嚷着工作繁重压力太大，你的工作却如此清闲，多么令人羡慕啊。

一般情况下老板雇佣员工，如果感觉员工所做的工作价值低于他开出的工资，往往就会找更多的事情安排下去。在一时找不到要吩咐的事情时，老板就只得唤你去沏杯咖啡，泡碗拉面，整理办公桌。在一些正规的大公司里，每个员工都有自己的分内工作，老板无法随意支使他们做这些杂事。但一些小单位为一些跑腿小事雇了你，那么让你沏杯咖啡清理桌子也并不过分。为什么呢？因为本就是雇你来做这些事情的。

但是这位女士对公司是否尽职尽责呢？你常常想着有了更好的工作就跳槽，怕是也称不上忠心耿耿啊。从这个角度来看，倒成了这家公司在大发善心，收留了这位“失业者”。这位员工总是抱着一种暂时在此停留，瞅准机会就飞走的想法。老板看你不够诚恳，一脸随时想走的样子，又怎么会喜欢你呢？况且这位女士本人也说了，自己没什么特别的才能，年龄已近四十却尚未结婚，性格等各方面也没什么特别的魅力。

这位女士的问题不在于公司，而在于没有客观地认识到自己的条件和当前的处境。你定是在心里描绘过美丽的画面吧：公司前景无限，自己的人生一片坦途。你深陷美妙的幻想中不能自拔，而独身一人又使你更加迷恋这种幻境。

这位女士是寂寞之人。如此寂寞，本该找个可靠的男人共营美好生活。可你至今尚未成婚，说明你可能眼光太高。所以，首先你要把条件压低放宽，这样一来才有机会步入婚姻殿堂，或者是找到男友，为自己枯燥的生活注入新鲜和趣味。最好是能辞掉现在的工作，努力寻一份值得从事一生的职业。

除此之外，你也可以找些其他有趣的事情做。要将生活过得有滋有味，少不了要支出金钱，而这就是你赚钱的目的。既然你需要钱来丰富自己的人生，那为他人沏杯咖啡，端碗拉面又有何妨？此刻的你沉迷于自己编织的梦幻中，才对此产生了排斥心理。

另外，如果现在的工作清闲松快，就不要再一直琢磨着如何跳槽了，闲暇时间用来充电学习吧。身无长技，就去学得一技之长。比如与工作相关的电脑操作、英语会话等能显示你才能的知识。像这样积极在工作中添加趣味，你自然会变得愉快。

所以结论有两个。一是你太孤独，须寻得伴侣驱逐寂寞。二是新工作暂时找不到，你自己也承认自己没有特长，所以你可以趁此机会给自己充电，为自己投资。

如果你只能把上班看作营生手段，无法真心热爱它，就将注意力转到一些有趣的事情上。不然就针对职场所需的一些技能集中学习，提高自己的能力，获得别人的认可。

从这位女士的倾诉中可知，现在她的既定条件就是只能留在目前的公司，而无法找到新的去处。那么从清晨踏上上班路，到下午做好收尾工作离开公司，这漫长的一天，你何不选择愉快地度过呢？马上收起现在这种消极服从命令的态度吧，在老板还未使唤你之前，主动过去询问："您是不是饿了？需要我为您泡碗拉面，还是沏杯咖啡？"这样一来，就淡去了你对他的厌恶。彼此之间绝不再是表面上虚情假意地笑，内心里怨恨万分地骂了。

这位女士尚为单身，这是一大幸事。因为依这位女士的性格推测，婚后的日子定会过得很头疼。所以我建议你先把老板假想为未来的新郎，预先做些夫妇相处的练习。"您是想喝点清爽的凉茶，还是想来杯香浓的咖啡？晚饭想吃些什么？"像这样做一次练习吧。

第一次可能会一百个不乐意，内心抗拒，觉得十分别扭。但这种练习驾轻就熟之后，不仅职场生活会生出趣味，结婚后也能与丈夫和谐相处。若是做得不好，不仅在公司里会频频碰壁，家庭生活也难得安稳。另外，一定要摒弃“因为我是个女的，他才命令我泡咖啡”的想法。就是因为经常这样想，才会痛苦。况且这不是问题的本质，想多了，只会自寻烦恼。

如果这样仍是无济于事，我建议你静心敛神，虔心祷告。祷告的意念要足够强烈。108 拜做起来定会腰酸腿疼，只有心如铁石，才能坚持到底，否则很容易半途而废。当你想撒手放弃时，念及之前付出的辛苦，也要鼓足力气，持之以恒。

所以那些每天起来做 108 拜的人和不做的人比起来，有很大不同。不做的人总是很容易懒惰，而每日礼拜的人则会将这种雷打不动的坚持精神贯彻到所有事情上。

大师，我想问：

我是一名29岁的未婚女性。每次开始新的工作时，我总会心生惧怕，行动拖延，团体协作时对困难的工作躲闪不迭，生怕分派到我手上的任务无法完成。为了改变这种性格，抱着先做后想的心态，我开始了健身，学起了一直想学的乐器和舞蹈，还去听课学习。但是到了工作中，情况还是没有太大改善。

特别要提到的是，我的工作主要是与青少年谈心，为他们排难解忧。但是这工作让我感觉非常吃力。有些孩子的父母嗜酒且有暴力倾向，有孩子曾经自残或有性格障碍，有的怀孕，有的幽居家中，极度自闭。开导这些孩子，总是令我心情沉重。整颗心砰砰乱跳，身体也止不住地颤抖。即使完成工作逃回家中，仍感觉那股压抑的情绪挥之不去，甚至连呼吸都不顺畅。周末或休假中接到这些孩子求助的电话时，总使我感到难以负担。我一边祈祷他们不要打电话给我，一边又因这种畏缩逃避心理而自责不已。

可我又不能放弃这份工作。这不仅仅是出于经济上的考虑，还因为心理咨询符合我的个性，是我的选择。就这样咬牙撑着，但我总感到疲劳吃力，又觉得难以坚持。我常鼓励自己不要悲观消沉，试着积极乐观一些，可还是于事无补。事到如今，我又觉得心理咨询工作或许并不适合我。到底该不该继续做下去，就成了一个苦恼。我自己也不明白，究竟我在想什么，把自己搞得如此压抑，如此迫切地想要逃避？

花钱，娱乐自己；挣钱，必须劳动

这位女士以心理咨询为专业，大学毕业又考到资格证，但真到了咨询桌上面对那一群迷失的孩子时，才发现这工作如此沉重，甚至令她畏惧。我的答案是：路总是有两条。你可以选择自然顺应自己的业，也就是自己的业识，另找一份与天性相符的工作。引发身心抗拒的事情，还是不做最好。不要为一张资格证感到可惜，哪怕是你之前曾为此下了十年或三十年的苦功，都要毫不留恋地抛掉。丢弃令你身心俱疲的差事，清洁工、钟点工，这些都能养活自己。

问题是你作为专业人士总想摆摆架子。但事实上，人生大可不必活得这么辛苦。不是说职业无贵贱吗？最佳选择就是找份符合自己天分，能最大限度挖掘你的潜能的工作。做起来既趣味无穷，又领得报酬。但除此之外还有一个选择，就是工作归工作，虽然不怎么符合你的个性，但你可以拿着赚得的薪水来娱乐自己，释放压力。

现在我们大多数人挣钱和花钱的地方是分开的。同一件事情，你掏钱，就是娱乐；你收钱，则是劳动。我们的劳动和娱乐是分开的。但是劳动是为了赚钱，是不得已而为之，所以人才被叫作“钱的奴隶”。**人固然需要钱，但若能在挣钱的同时不沦为奴隶，一直保有主人的姿态，才能在劳动中尝到乐趣，收获意义。**如果行动受到束缚，就会生出苦闷。诸位现在的痛苦，就是来自对金钱的贪欲和沉溺。

诸位如果身负背囊登上雪岳山或智利山顶，绝不是因为有人给钱才去的吧？相反，你自己掏钱付车费、会员费，而且即使爬得气喘吁吁、疲惫不堪，也毫无怨言，因为这是你的娱乐项目，而不是劳动。所以这位女士之所以觉得开导有心理疾患的孩子们很是吃力，就是因为她视此为劳动，为工作，为挣钱之不得已之举。

这世上绝无易事。但是有些对医术兴趣浓厚的人，甚至会通过自学，做到准确地诊脉，纯熟地针灸，乐此不疲地救人性命。这种人若是成为医生，那就是兴趣和工作的完美结合。他们不为钱，而是为了兴趣而做，所以不会沉溺于金钱，大致相当于志愿行医。而现在很多人明明对行医毫无兴趣，却因为贪欲，强迫自己穿上白大褂。在别人看来，他职业体面，工资优厚，招人羡慕。但他自己做得并不开心，总觉得比起付出的劳动，自己得到的回报太少了。

但是这位女士帮助有困难的孩子，倾听他们诉说内心的伤痛，应该是份很好的职业啊。就像医生治愈患者，患者会心存感激，律师使他的当事人得以沉冤昭雪，当事人视他为再生父母一样，这位女士在帮了这些可怜的孩子们后，孩子们应该也会对她感激不已。但为什么她却会那么紧张劳累呢？因为她强迫自己必须把这现实中很难解决的问题妥善处理，由此形成了负担。

我认识一位医生，他每次见患者，心理上都要承受很大的压力。他担心治疗出现差错，在听了诵经之后，他终于豁然开怀："我要做的就是尽我所能，给他们最悉心的治疗，能不能痊愈就是病人的事了。如果哪个病人因为未能治愈而愤怒、抗议，那也是可以理解的。"他之所以之前会担忧，是因为他的强迫观念："我一定得把病人治愈。"但是当他转变想法，明白"事实上我什么都不能为他做，只是用我所知的医术稍稍给予帮助而已"之后，他面对患者时不再害怕，沉着淡定地施展医术，反而赢来八方赞誉。

很多人对我表示过感激："听了大师的话，我的人生果真有了变化。"但是如果我强制自己要帮所有人解除心结，让他们满意而归，这谈心就进行不下去了。事实上不论什么人提出什么问题，我都是轻松应对，诚实答疑。只要做到知无不言言无不尽，就问心无愧了。

丢掉“为了明天，牺牲今天”的想法

首先我要告诉各位的是，**这个世界上谁也帮不上谁。就算你伸出援手，也不能确定那个人究竟有没有得到帮助。**当你爱上一个人，怀着满腔的爱意拥抱他时，他是否会给以回应也是他自己的问题。父母疼爱孩子，倾注全部心血在孩子身上，对孩子来可能会成为沉重的包袱。所以不要再一厢情愿地说“我爱他，我帮助了他”。你只是做了你该做的，至于能否帮到他，他是否听取你的劝告，则在于他。

“知之为知之，不知为不知”，要有这样的坦率。“可我毕竟专攻这一领域，比起普通人，总能稍稍给予些帮助，所以我要尽力。”也要有这样的自觉。

我要强调的第二点，就是你**既不可以对求助于你的人的痛苦视若无睹，也不可以沉陷其中。**你不可以被他们的痛苦左右，否则身为医生的你，岂不是也被传染上了精神疾病？

这位女士，你既不应该陷入他人的痛苦中不可自拔，也不应该对别人的痛苦置若罔闻。电话来了，你就大胆地接起来，尽到自己最大的努力就好。不要再逼迫自己：我一定要医好他，我一定要帮上忙。我希望你能看清事实，然后将咨询工作看作是一种善事。只要自己尽力就没有遗憾了。如果这样还无济于事，就放弃吧。等最后实在找不到其他工作时再考虑回归本行。只不过到时你就要不断在其他的地方消费，来释放自己的压力。

“我到底该怎么做？我对他们有何帮助？”太在意这些问题，必定会心生烦恼。抛弃这些顾虑，你反而能更容易地理解那些孩子，面对他们也会变得轻松。因为这位女士说自己很辛苦，所以我也不好硬是劝你继续做下去。但我觉得你的这份工作很有意义，是值得从事一生的职业。而且还会给你工资，多么美好的事情！

所以我的结论就是：**如果觉得当前的职业与个性实在不对盘，就果断地放弃，去寻找顺应你性情的工作。如果因为金钱离不开公司，就积极地为自己增添乐趣，让工作不再枯燥。**

你要让当下的这一刻过得幸福。丢掉“为了明天，牺牲今天”的想法，明天还未到来，此刻才是你应该抓住的，让自己幸福地活在当下！

第五章 我是不是落后于人

——摆脱升职的压力

何谓真正的力量

上班族通常因为职务的升降和薪金的涨落提心吊胆，背负巨大的压力。世人最渴望拥有的东西是什么呢？答案似乎只有钱。但是细究起来，钱似乎又不是人们欲望的全部，人们真正渴望攫取到手的，是力，支配他人的力。人们渴望有力量。力量从何而来呢？首先，财富的充裕，相对来说会增强人的力量，即所谓的“财力”。

构成力量的第二个因素可以说是地位，位高力强，即所谓的“权力”。对上班族来说，职位的晋升，便是一种自身地位的提升。为什么地位上升后人会变得有力量呢？因为地位高，意味着你能对一部分人下指令，他们会对你言听计从。

除了钱和权，这世上还有一样蕴含着巨大力量的东西，那就是道德。诸位在卷入纷争之时，即便你无钱无权，势单力薄，但只要真理在你这边，你就是强大的一方。上司行为不当，下属提出异议，这背后的坚实后盾，便是道德与公正。那些远离钱财和权势的学生们之所以能勇敢地与当权者对抗、斗争，就是因为他们对于紧握在手中的真理充满信心。

这种道德与真理在生活中最直接的体现，便是法律。一个人违反了社会的既定法，就是违背了社会公约，必将失去手中的力量。社会推崇正义，道德伦理成为与钱和权相抗衡的强大力量。所以未来在社会中占首要地位的不是钱，不是权，而是道德。

力量需要累积。金钱和地位，要经过量的累积才能产生巨大的力量。但遵守道德约束，趋近人生终极幸福的道路，却十分简单。

自主人生沉浮

佛家所谓的超脱与涅槃，就是无论世人如何评论，无论富裕贫穷，高贵卑贱，无论受人追捧，还是遭受漠视，无论是能够呼风唤雨，还是势单力薄，都不会成为自己的困扰。正因为我对权力没有丝毫贪念，才能不被羁绊。一个人，如果钻进了钱眼儿里，便会嫌贫爱富；执迷于权力，便会在权贵前屈膝，在百姓前耀武扬威；忙于追求人气时，为自己薄弱的人际关系苦恼，而在拥有了人气后又变得傲慢无礼。

但是这些东西在人生中并不重要。当你把人生的重心从这些俗物上移开之后，你便能在所有人面前诚实坦然，“不以物喜，不以己悲”，便掌控了自己的人生。

但人们经常会丢掉自己人生的主动权。在钱与权的支配下放弃自我，甚至将正义也抛之脑后。即便是工作了长达 20 年之久的公司，在其他公司提供更显赫职位的时候，仍会选择离开，并且认为这是理所当然。因为，地位一直就是他们所向往的。

个人的幸与不幸，从来都是由自己决定，而不是受他人支配。明白了这一点，人生便不会受任何牵制，不仅能获得内心的平和，还能在世人面前挺起胸膛，不再被外界所操控，而是主动出击去操控人生；不再被外界所濡染，而是去净化世界。这是真正的人生，是佛祖的教诲。但是这些教诲在常人眼中，简直是不现实的。

举例说吧，一个社会中除我之外所有的人都抽烟。不仅抽烟，大家还都想抽好烟名烟。而我呢，作为唯一不抽烟的人，向这些嗜烟如命的人们苦口婆心地劝说：吸烟有害健康，停下来吧。却没有一人肯听。其实不论这烟多贵多好，不抽烟才是最好的啊，因为只要抽烟，一定会有害于健康。

世人忙着去追逐更多的钱、更高的地位、更旺的人气。这种永无止境的追求，就好比瘾君子渴望抽上品质更上乘的香烟一样。你深陷其中欲罢不能，因为所有的人都贪心不足，趋之若鹜。

不要再做奴隶

辛勤工作是为了什么呢？也许你会说，是为了更多的钱，更高的地位。但亲爱的读者们，**你们的终极追求其实还是幸福和自由。获得钱财和权位，最终还是为了获得更多的自由。可等你真正位高财重，真的就感受到幸福和自由了呢？不一定。而且还有可能变得更加不幸。我不是在唆使你敷衍工作，而是说兢兢业业是应当的，但不该把钱和地位作为最终目标。**

看看那些身居高位的人们吧。古时候的皇帝们总是在国境建设城关，在宫城外立起高墙，宫城也是一环套一环，这还不够，每道城门旁都置派几名军士日夜守着，只有这样，里面的人才能安心。可是，这重重相扣的宫城在外面的人眼里，却像极了森严坚固的监狱。这怎能称得上是自由呢？

诸位再看看自己身上的衣服吧。假如这敝体之物价值不菲，你走在街上疲劳不堪时，却不能随便找个地方坐下休息，因为这名贵的衣服可沾不得半粒灰尘啊。

我所知的一位大师突然有一天没有出席法会，几个月后才再次现身。于是我上前发问：

“这些日子您怎么都没有来？”

“哦，我搬家了。”

“可是搬家也不妨碍您到寺里来吧？”

“我原本住公寓，现在有自己的房子了。”

我还是没明白他的意思，于是又问了一遍。

“可这与您不参加法会有什么关系呢？”

“是这样，我要看家的。”

看吧，住宅高档了，豪华了，人也就被绑住了。若是将珍贵之物放在家中，自己就成了一个难移半步的哨兵。“保护衣服的人”，“保护房子的人”，不知不觉，我们的生活中出现了好多这样的颠倒现象。

再举个例子。很多施主都恳求我说：“师傅带我们逛一逛庆州吧。”要求的人多了，我就答应了：“好吧。那就租辆车，我带你们四处看看。”但真要出发时，却发现有四十个坐席的车上稀稀落落不过坐了二十来人，那剩余的空座位令我很不舒服。于是我问其他施主：“你们想不想去庆州逛逛？”此刻我的热情邀约，是出于想让人们去庆州开心游玩的好心，还是出于凑人数的私心呢？

坦白地讲，我是为了凑人数。就在这一瞬间，本末倒置了。我的本意是用这辆车来载人，结果却变成了利用人来填补这辆车。就像这样，我们在不自觉中就会成为钱和地位的忠实奴仆，成为一件衣服或一座房子的下人，或者盲目地追逐人气。

即便现在你已经身缠万贯，权倾天下，人际广泛，也只有在把这一切看得风轻云淡，一颗心始终宁静淡泊时，才能不受外物拘束，触及真正的幸福与自由。如果认清这些外物实质上会牵绊人生自由，将你远远推离真实的幸福，诸位读者们大概就不会费尽心思一路追逐了。

高处不胜寒，我何必要穷尽心力攀登到高处承受寒冷呢？一切不过是身外之物，又何必辛苦地去抢去争呢？**一个人如何过人生，朝向何处前进，这些才是我们最应该给予重视的。但是现在的我们，心中对于物质的欲念过于执着、强烈，以至于该放手的时候，却停不下来。**

奋斗的人生，绝不是这种迷失在欲念里回不了头的人生。

伤及自身的双重惩罚

在现在的社会里，升职能给你带来什么好处？一是你能掌控很多的人，其次就是你的收入会不断增长。

可能当你处于公司低层时，对于上级施加的压力和束缚很是痛恨。那么晋升为高层的你，现在真切地体会一下管理下属的感觉吧。他们把你的指令当耳旁风，这真不是一般的惹人头疼。所以有人说，**比起管束下级，侍候上级要轻松得多。**

停止这种对于晋升的急迫渴求吧。放开对于权力的追逐，首先你会变得心情舒畅，第二，你不会丢了你的善性。对于权力，人们总是趋之若骛。在尔虞我诈勾心斗角中踩在别人的肩膀上往上爬。哪怕你心地纯良，无半点害人之心，也难保不会落入这种恶性循环里。人与人之间除了憎恨和嫉妒，还能剩下些什么？

你要明白，这就是人生。看到这种污浊之事，心仍要保持清明：没关系，你们尽管在这臭泥坑里扑腾吧，我仍是要追从佛祖的指引，举世皆浊我独清。只要有了这种心态，即便升职

无望，也不会受到欲望之苦的纠缠，不会背负任何的压力。就像参加一场轻松的友谊赛，赢了自然高兴，输了也能尽兴而归。

总感觉自己失败了，技不如人，被沮丧失意所围绕，随之压力丛生，这就是在伤害自己。在这个无论什么都必须伸手去争取才能有所得的社会中，挥洒才情，全力竞争是无可厚非的，但胜败乃兵家常事。输了，就要心悦诚服，输得堂堂正正，输得像个英雄。不去招惹压力上身，欣然接受人生的因果回报。如果做不到，只会受到伤及自身的双重惩罚。

你的分内事是将工作漂亮完成，至于评价，则是上司的事情。要提拔谁，是上司的判断和决定。每个下属的工作态度与成绩，上司都看在眼里。当然他做出的评价也有可能与你相左，所以你实在没必要对此翘首以盼，望眼欲穿。

努力工作吧。不管你的上司有没有选择你，都坦然视之。放松心情，远离压力，这才是明智之举。

扔掉包袱活一次吧

曾经有一对夫妇寻至我身边。丈夫身患怪病，去了医院也查不出个究竟，只能每日忍受病痛折磨。

“您从事什么职业？”

“我是出租车司机。”

“驾驶中您最怕什么？”

“最怕有想去厕所的感觉。”

我又问他为何这么惧怕去厕所，结果他回答说，因为送走一位乘客，马上迎来下一位乘客，忙得连喘息的时间都没有，却又不能对乘客说：不好意思，我得去一趟洗手间，您请稍等好吗？乘客若听了这话，绝对是扭头去拦其他的出租车。为了多揽一份生意，只能长时间地忍着。

我听了这话道：“原来害您得病的罪魁祸首，是您夫人啊！夫人是不是每天都在丈夫耳边催促着挣钱？”结果这位夫人说她并没有逼着丈夫拼命挣钱。于是我问："您可能确实没有督促先生挣钱，但每天傍晚先生收工回家后，是由谁来数当天的收入呢？"结果回答是夫人。其实不用猜，一看便知。

"那夫人数完钱后，肯定是要么说：'老公，今天只有这些而已吗？'，要么说：'老公，今天挣得好多啊！'钱越多，夫人的笑容越是灿烂。而您大概没想到，您的表情会带给您先生多大的压力。所以他才会为了多赚一些钱换得夫人高兴，连去一趟厕所的时间都空不出。"这样分析一番之后，我承诺为她的先生治病。

"我保证医好您的先生，您愿意付多少医疗费呢？"

"这……数目很大吗？"

"那是当然了。您想想看，您丈夫这病，可是连医院都束手无策呢。"

"那具体要多少呢？"

"大概要五百万韩元左右吧。"（编者注：1万韩元约为人民币59元）

"天哪，这么多？"

"您若是嫌多，就请回医院去吧。医院里的检查是一项接一项，支出五百万是眨眼间的事儿，结果怕是连病因都搞不清楚。而我保证能治愈您先生，您还觉得五百万算多吗？"

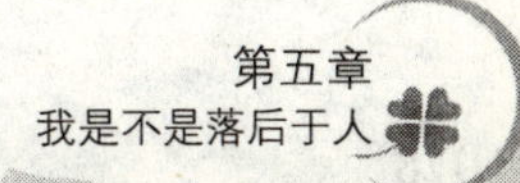

“您保证能治好我先生吗？”

“当然。”

“那怎么治呢？”

“这个我自有办法，这钱您究竟愿不愿出呢？”

夫人没有跟丈夫商量，急切地回答说她愿意。

“只是要治好这病，需要花费多少时日？”

“三个月。”

“这三个月里以什么方式治疗呢？”

“这三个月什么都不做，住院疗养。”

“那我们一家人要喝西北风了。”

“先生平常赚的钱这时候拿出来用吧。”

“我家先生真的没挣到多少钱啊。”

“真没有吗？”

“真没有。”

“那你们每个月的家庭开支大概是多少？”

“开支很大的。再怎么勒紧腰带过，每月也少不了一百五十万的支出。”

“好，我收您的那五百万返还给您，用来支撑这三个月的吃穿用度吧。”

这样达成一致意见后，我让那位先生每天到都到寺里来。早8点开工，晚6点收工。他问我在寺里要做些什么活计，我告诉他做自己最拿手的驾驶，不同的是，这是能为他人造福的驾驶。

我请他开着车到路上转悠，帮那些不识路的人们抬抬行李，送他们至目的地，从而造福于人。既然开着车上路了，能多帮一人，就多帮一人，自然越多越好。可能的话，比起那些腿脚无恙的正常人，尽量多帮助那些身体不方便的朋友；比起身强力壮的年轻人，尽量多载些蹒跚行路的老人。

"您是说载人，但不收钱？"

"造福之事，如何能提钱呢？"

"那就是说连计价器都不必开了？"

"关了它吧。出租车上本就不该有它，添这么个东西，只会徒增不法行为。"

"可如果乘客仍要给我车费呢？"

"那便是施主的布施，收下便可。"

于是这位先生帮老奶奶载着包裹送到家门，看到行动不便的人便扶至车上送回家中，看到孩子也帮忙去背。这样忙着造福的人难道不需要去洗手间吗？当然了，可以从洗手间回来再继续。虽说是造福，但这样开着车在路上来来回回，该不会违反交通规则吧？放心，造福的心情再怎么急切，也会遵守交通规则的。

就这样，这位先生开着车四处走动，好似游玩一般。一个月过去了，数数施主们的布施，大概有以前月收入的一半。因为是怀着玩乐的轻松心情，身体也好了许多。第二个月和第三个月的收入则分别达到了原收入的70%和90%。这样一比较，是挣100元钱，交出30元作医药费划算呢，还是挣90元钱，健健康康远离医院比较划算呢？当然是抱着游玩的愉悦心情，毫无压力去工作。

亲爱的读者们，即使你不再执着于升迁，生活的路仍旧宽阔，仍旧为你敞开着。但也不要偏激："我不想升职"。假如哪天老板垂眉青睐，伸手提拔，你就不要再抛出一句"我不愿干"，而是以一副"承蒙厚爱，恭敬不如从命"的谦恭姿态，接过委令状。当然薪金大概也是会涨一些的，你也就却之不恭，接受便好。

怀着一种玩乐的轻松心情去应对工作，不仅能激发你的创造性思维，还能消除你在面对上司时的紧张感。无论何时，都要有一颗洒脱之心。

哪怕上司一生气炒你鱿鱼，你仍能恭敬地对他说：谢谢您在过去这段时间对我的照顾。做好了这样的心理准备，平常日子里还有什么可惧怕的？升职后有了下级，该下令就下令，该管理就管理，其实也没什么让你紧张费神的。"你们自己看着办吧"，"加把劲"，"知之为知之，不知为不知，诚实便好"，对下属推心置腹、和蔼可亲地嘱咐这么几句，相信没人会讨厌你。

既要对上级察言观色，又要顾虑到下级的感受，难免会处于紧张的压力之中，又怎么保证工作效率呢？不要再被那些无谓的顾虑束缚了手脚，而是要尽情挥洒自己的才能。有了新鲜的创意，就大胆尝试；有想说的话，就勇敢开口；出了错误遭到斥责，就低头认错。试着这样丢掉包袱生活吧。

有些人在该不该递辞呈的问题上踌躇不决，跑来询问我的意见。他们之所以想递辞呈，要么是因为本该自己升迁却被别人捷足先登，要么是因为上司总是不听取自己的意见，还加以刁难，等等。

上司当然不会按着你的愿望行事。从来都是下属服从上级，哪有上级听从于下属的道理？你觉得上司折磨你，是因为嫉妒你的才能？这是当然了，下属若是太过聪明伶俐，上级也会心生嫉妒。你说你的部下也不听从于你？想想看啊，人就是这样奇怪，连父母的话都当耳旁风，你又怎能指望你的话能被认真执行呢？这样细究起来，这些都是合情合理，无需为此困扰。

不要再去在意那些闲言碎语和异样眼神，更不要再把所有的精力都耗费在晋升的欲望中。做自己的主人吧。如今这个社会，职位升得越快，越容易被人推下来。反倒是做个“万年部长”更安稳。整日紧张兮兮，反而会影响才能的发挥。连夫妻间都很难找准脾胃，你又怎能让所有的同事都称心如意呢？忘掉这些虚无的东西，反而会相处得更加和谐。这样的职场生活才更有趣味，不是吗？

第六章 人生不做规划，老后徒留恐慌

——甩掉不安心理

大师，我想问：

我是一名三十五岁的未婚女性。一直从事着自由职业，却长期被不安和对老后的担忧困扰。收入的不稳定是一个原因，而对于未来没有一个明确的计划和目标，似乎引发了我内心更大的不安。没有什么特别想做的事情，所以很难树立一个目标。过着这样没有定数的生活，我只能时常在心中劝慰自己：没关系，人都是活在当下，把握当前的时光便好。

我能做的，就是握住分分秒秒，去奋斗，去享受。但即便抱着这样的人生观过活，我仍忍不住怀疑：真的可以不在乎自己爱或不爱，心怀感激地做好当前的事情就可以吗？对于这种没有计划支撑的飘渺未来我感到心慌。

真的是只要清醒地活在这一秒，努力营造当下的幸福生活就可以吗？真的是这样吗？

不要赋予人生太多意义

是的，你只需在当下保持清醒就已足够。其实，**对于未来的种种恐惧和不安，恰恰就是因为你在当下活得还不够清醒。**

用心观察一下自然界吧。地球绕着太阳转，它追逐的目标何在？况且它不是只转那么几天几年或几百年几千年，它重复着这恒久不变的轨道，不知已转过了多少载。它到底为了什么呢？答案不必深究，因为地球本来就是这么转的。

再看看地球上的生物吧。植物春华秋实，生长荣枯，花儿绽放又凋零，这是为了什么呢？麋鹿和兔子满山地蹦跳又是为了什么？老虎和狮子又为何来世上活这一遭？田鼠在泥土中挖地洞挖地不亦乐乎，又是为了什么呢？这也没什么神秘的，这些也不过是它们生存的方式而已。

人类也是一样，因为进食所以存在。从动物的立场看，人不过也是在演绎着自己的生存方式而已。就像一株草破土而出、一只兔子被分娩出来那样，人也在出生后开始循序渐进地展开自己的生活。就算毫无思想地活着，也不会对自然的秩序和生命界的必然进程有一丝的背离。这不是人类尊严的堕落，也不是自然秩序的崩塌，所以即使你的人生没什么目标，也不必恐慌。

人生之所以苦恼，就是因为人们整日去琢磨和念叨“人生的目标”。对人生寄予了过多的意义与期望，难免会变得焦躁不安。就在今天早晨，我享受了一顿美味的早餐，我还有什么可不安的呢？今天晚上不用在冷清的大街上流浪，我有家可回，有地方可以安睡，我的人生又有什么好担忧的？

这位女士不愿意死守一处，讨厌被别人使唤，拒绝他人的干涉，所以才选择了自由职业。困了，躺下就睡；想去哪儿了，打个包就动身；想写点东西了，就将心情自由宣泄于文字中，这样自由地随心而过。所以这位女士不是对万事没激情，而是对万事都充满了热爱，只不过，她不想忤逆自己的心，渴望自由自在地生活。世界上还有比这更贪婪的欲望吗？

清醒地活在当下

所谓人生，从不是万事遂愿的。但这位女士却奢望生活能顺坦自由，随心所欲。这本就是一己贪念，这贪念太过巨大以致难以计量，可这位女士还称自己没什么贪欲。渴盼着能随心所欲地做尽所有想做之事还能有不错收入，却口口声声说没什么特别想做的事。大概所谓的“没有目标”，也不是真的“没有”，而是尚不明确是该将富可敌国作为目标，将权势显赫作为追求，还是将成为上层名流定为梦想。

你必须清楚自己的心之所以会变得惴惴不安，是因为你总是追问自己：“如果我以后的光景很艰辛很不堪该怎么办?”你太过于担忧自己的未来。如果过于频繁思考这个问题，就容易跌入一个不真实的梦境。

假设你突然想到“我是不是没关好煤气就出来了?”“我刚刚煮咖啡来着，到底有没有把火停掉?”之后你会接着想“水若是煮干了，上面的容器会被烧化，那房子岂不是要着起火来?”担忧在你的心里像荡开的涟漪，一圈又一圈地扩散，搅得你心神不定。而这本是你的一个猜想，你怎能深究不止？房子着火是没影儿的事，问题在于你顺着自己的一个猜想不断走向极端，把自己整个人搞得紧张兮兮。事实上你可能在出门前已将煤气关闭，咖啡也没来得及煮，房子也安好无恙，而你却被由一个猜想而衍生的恐惧给套牢了。

举个例子看吧。有人在梦中遭强盗追杀，情急之下冷汗涔涔。但在床边的人看来，这个人绝对没有理由在担心受怕。为什么呢？因为在醒着的人看来，他不过是沉沉入梦而已，睡得这么酣畅，哪还有什么可忧可惧之事？而睡梦中的人则为保住性命六神无主，慌不择路。就是因为他入梦太深，对梦境信以为真，才会如此焦虑忧惧。

同样道理，亲爱的读者们，**即使你醒着，但只要你在某些不着边际的想法上纠结不止，就会如同置身梦境，虚实难辨。**当你陷入回忆，漫步于昔日的小道上时，就宛如做着一个梦。你在看电影或是读小说时，也会将那幻境误认作现实。你全身心地构筑并游荡在你的幻想中，那这幻想，于你来说已然就是现实。所以，焦躁不安起因于你对未来生活的想象过于频繁过于沉迷，从而引发恐惧和忧虑；而痛苦烦恼，则是源自你对过去的怀念而已。

所以说，**要在这一刻活得清醒，你就要从自己编织的梦境中醒来，摆脱那些无谓的猜想。**不是说要你丢弃所有的回忆。回忆过去，不等于沉湎纠缠；遥望未来，也不是深陷幻想。

回忆可不是召之即来挥之即去，你的意志管束不了它。你胸腔中的那颗有力跳动的心脏，不是说停就能停的。回忆也像心跳一样，是一种身体机能。静坐冥想，如果能心清脑静，全无杂念当然最好。但往往是越想心静，越是管不住那些漂浮不定的思绪。要注意的是，我们所以如此，是因为对这些思绪太过专注，由此引发苦恼。

诸位在倾听佛经时本该专心致志，可往往是听着听着，就顺着佛经中的某个词语开始联想自己的旧时经历。思绪也陷入这联想中，对耳边的佛音听而不闻。这就像我对着一个睡着的人说一堆话，那人醒来后没有一丝印象，因为在我滔滔不绝时，他正全心全意地做梦呢。诵经时坐在后面犯困或开小差的人就是这样，睁着眼睛，看似在听，实则早已神游太虚，心思不在了。

比起金钱，更看重自我

没有工作的人在寻找工作时，不应该把薪金多少作为唯一标准。只冲着高薪找工作，怕是没多久就要后悔。跌入紧张又繁重的工作，忙得连喘息的时间都没有时，你就会生出悔意：天啊，我要一直这样活下去吗？如果真到了养家糊口都成问题的窘境，就放宽条件，找个地方先落脚。如果不是为了解一时之急，诸位还是不要太过计较报酬，而是该以自己的喜好为准，选择一个能愉快工作的地方。

诸位在选择公司的时候，应把自己的理想、兴趣作为重心，多寻找自己想做的有意义的事。这样选定的工作，做起来总会少一些烦恼。当今社会，不管哪一行，都能保证吃上饭，区别仅在于吃得有多好。薪水自然是必须要考虑的一个因素，只是不该成为选择职场的唯一标准。

为拿高薪水而去做不喜欢的工作，必定苦不堪言，日积月累免不了背负重压。而为了缓解压力，常常又要破费金钱，去做些愉悦身心的事情。但如果从事自己想做的事，自认为有意义、有所得的事，即便困难重重，也能永葆愉悦精神，无需支出额外的花销来做“心理补偿”。所以挣得一百万，却支出五十万在宣泄压力上，远不如只挣五十万，但简单快乐地工作。

通过修行求得心灵宁静的人们从不拘泥于形式。因为一颗心已归于沉静，所以不再渴盼别人的赞美之声，亦不再在意世人的种种眼色。到了这个境界，对钱自然也很有节制。我们活在这世上，曾为那些虚情假意的赞美，曾因那些难以捉摸的眼色付出过多少血汗钱？

对自己的身份和处境诚实坦然，你的生活就不会摇摆不定，身处职场也不会惶惶不安，对升职无望的担忧会消失，对被辞退的恐慌也会远去。提拔也好，辞退也罢，都是公司领导的决定，是以你的力量不能左右的事情，就不要为其耗神费力，不然只会徒增郁闷。尽最大努力去工作，若还是无人赏识就潇洒退场。人在职场，就要有这样的洒脱。

你也许会认为，“说来说去，就是让我们多做些让公司高兴的事。”我不是为了让公司获利才说这些，而是为了不使诸位沦陷为金钱和老板的奴隶。诸位无论身处何地，要想成为自由之人，要想不再焦虑不安，首先是不要被钱束缚，不要拿自由之身与钱做交易。

怀着自愿奉献精神去工作

因为有爱，人们才会接吻和拥抱。如果是为了钱，就成了卖淫嫖娼的勾当。工作也是如此，看你是在出卖劳动力，还是在工作中实现理想。总是抱怨，觉得自己没有得到应有的待遇，那你就是在进行强迫性劳动；而为了实现理想，在适当的交易条件下获取适量的酬劳，则会让你感觉自己正投身于志愿活动。

志愿活动就是奉献爱，用自己的爱来关怀身边的人，而你大可以将这份爱推而广之，散播到职场中去。

上班族除却睡眠时间，一天之中醒着的大部分时间不都是在公司度过吗？试想你一辈子都是为了钱而日日奔波，这该是多大的不幸啊。把公司看作修行净地，看作是行善造福的地方。“公司就是我实现理想的圣地，是我们创造新文明的试验室。”想法上有了这样的转变，将佛祖的指示贯彻到现实生活中去，你便能体会到切实的幸福。

第七章 业务繁重，「过劳死」迫近

——为了健康的职场生活

人就像宠物，渴望过上闲淡的生活

人长时间不运动，健康就会打折。相反若运动过量，则会过度劳累。硬撑着身体做事，疲劳日积月累，健康就被慢慢损坏。现代人在四五十岁就死去，过劳是首要原因之一。人们在职场生活中过于辛苦，日子一长，寿命长度大打折扣，导致许多人英年早逝，令人惋惜。

但如果吃穿无忧，辞去工作在家享清闲，时间久了，又会觉得日子索然无味。这也算是人的一种苦恼。无事可忙，并不是件好事。所以，活着有适量的事情可做，才是最好的状态。

现代人经常为过度肥胖而苦恼，但我们发现自然界的动物却从无此种忧愁。动物们在自然界中适量运动适量进食，因此不会生赘肉。但人为什么会呢？肚子里塞满食物，身上逐渐发福，可舌头却执着于美味而不肯停下，丝毫不考虑身体是否受得了。贪念于美食，便是肥胖症的原因。

自然界的动物为了生存四处觅食，为了寻得食物劳苦奔波。这种寻食的努力本身就是最好的运动。老虎、狮子、兔子

和老鼠会为了获得健康体魄进出健身房或是打篮球或排球吗？当然不会了。但它们从来不缺乏运动，也不会患上健康问题。因为适当地运动和进食，它们始终保持着最健康的状态。

现代人与古人相比，身高与体重都有所增加，但力气却越来越小，而且动辄生病，浑身无力，其实就是不够健康的表现。本来身架高大，应该多做事也不会累，可人们却连移动一下自己的身子都困难。

我带众施主们去印度圣地巡礼时发现，比起那些年事已高的老人们，朝气蓬勃的孩子们更加难以应付这番辛劳。中学生最柔弱，大学生也疲于应付。他们适应不了住宿的地方，坐太久的汽车或是爬山都如同酷刑，饭菜也难以下咽。就像家里豢养的宠物，对新环境的适应能力严重低下。这都是因为过度缺乏运动，而对现代人来说，下地干农活儿是一种运动，职场工作也是一种运动。

劳动本就是一种运动，人们却偏偏喜欢单独去做运动。他们跑到健身俱乐部，跳上平时不怎么骑的自行车猛蹬一通，要不就是很卖力地原地跑步。本来工作时自然会流出的汗水，他们非要在健身运动中挥洒。

运动不足，说明日子过得还算舒坦。不需要拼命工作也能好吃好喝。若是衣不蔽体，食不果腹，必须四处奔波求生存，又怎会缺乏运动呢？就像自然界的动物若是被人类豢养，就会缺乏运动，小毛病不断。人也是一样。现代文明已经将人如同宠物一样豢养起来，所以人们的健康每况愈下，适应能力也大打折扣。

充分利用你的人生

诸位奔波职场，不论是体力劳动还是脑力劳动，都要遵守一个度。脑子不用，就会变得迟钝；有了汽车要经常开着四处转转，若是就那么放着，会坏得更快；房子也不能一直空着，总要有人住着，才会像个家。

汽车也好，房子也好，东西用得过度，很快就会坏掉；置之不用，也会生锈坏掉。适度地用，适度地予以休整，所有的东西才能用得长久。韩语里“人生”的“生”字，严格地说原本就是来自“用”字。我们使用的一些器物如果不能再用了，常常都说它再无用处了。再无用处了，就意味着寿终正寝。所谓还有生命，就是还能用。

人生在世，须有用于社会和他人。诸位如果在公司没有起到自己应有的作用，你承担的就成为一个没有生气的角色。所以我们要充分发挥自己的价值。但是一定要有一个度。

如今的文明实质上是一种以经济效益为重心的榨取性文明。这种文明不关注生命个体，不以生命至上，大家都成为它

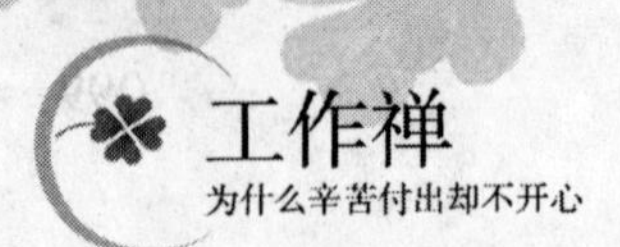

的牺牲者。所有人都沉迷于金钱、利益和享乐的假象中，最后却两手空空，毫无所得。人，本该是为了自身的福祉去创造文明，然而却成为亲手创造之文明的牺牲品。

自吹自擂，是一种病

诸位正陷身于太过繁重的业务工作中，如果是干农活儿，既可锻炼身体，又挣得相应收入，对健康亦不会造成伤害。不要将工作和运动分离，而是该使工作本身成为一种运动。但现如今的文明却轻视体力劳动，推崇那些坐在桌前转钢笔杆儿或是双手飞舞在电脑键盘上的职业。诸位也是更偏好后者，因此大家的大脑日益成熟灵活，身体却因缺乏运动变得肥胖，然后又要花时间专门去运动。

为什么工作量会不可避免地加重呢？因为诸位拿了这么丰硕的薪水，就要付出相应量的劳动。上级布置下大量工作，如果你完不成任务，创造不出相应的价值，那就只能被炒鱿鱼了。一个人的能力有限，却欲望无边，总是渴望得到超过自己能力的报酬。所以虽然挤进了大企业，却担当不了与这薪水相应的工作，以致产生巨大的心理压力。**别人对你评价低了，可能惹得你心里不舒坦；但听多了言过其实的赞美，你就会渐渐背负压力。**

为了配得上那些浮夸的赞美之辞，你要拼死拼活去完成自己能力之外的工作。就像父母对孩子寄予太多的希望，往往会成为孩子心理上沉甸甸的包袱。职场中的你受到了那些过高的评价，就要烦心如何才能不负众望。心里总是战战兢兢，生怕暴露了自己真实的实力，脸上还要虚张声势，自信满满。这种表里不一使人们内心忐忑难安，由此而患上精神疾病的人也不在少数。

同我谈心的许多职场人士都认为自己才华横溢，无奈上司不是伯乐，害得他们升职无望，心中愤懑难耐以至想辞去工作。这些人的苦恼其实很容易解决，我只鼓励他们一句话："努力工作吧。"怡然自得地去享受职场生活便可。但棘手的是这样一些人：他们如同患了肥胖症一样，虽升上要职，却是盛名之下其实难副，因此常力所不及，难当重任。

很多人年纪轻轻就身居要职，结果因能力不足而整日焦虑不安，最后递上辞呈以求解脱。不是上司没有辨识英才的慧眼，而是你根本就承担不起上级的赏识，甚至会因这份过高的赏识产生负担。吃亏的不是那些得不到晋升的人才，而是那些徒有虚名、背负巨大压力的人。这些人们常会患上精神疾病。所以说，凡事要适度。

如果医生为患者提供免费医疗，他还会有压力吗？答案是即便一天让他工作 20 个小时，他也会神清气爽。因为他不用做出担保患者必然会康复的承诺，没有后顾之忧。但是收了病人上千万韩元的巨额医疗费，做手术时一颗心就绝对轻松不起来了。这时如果摆脱钱的羁绊，“医生也只是尽人事听天命而已”，要这样想得开，才能放得下，治疗的过程中才会既安心又高效。

说到底，还是因为诸位对优渥薪水的追求引发了这么多问题。就像为了拿到那巨额的医疗费，你硬着头皮在病人面前打包票，可如果一旦没实现承诺，必然是声名扫地，遭人唾弃。而在工作上也是一样。

少些打工心态，多点儿事业心

“为了钱，这个班我总是要上。”如果你有这种想法，就试着改变吧。既然是为了钱出卖自己的劳动力，倒不如快快乐乐地去。不要总是愤愤不平：给点钱就可以对我这样指手画脚吗？而是要打从心底里感恩：我收了人家这么多钱，吩咐我做这点事于情于理都是应当。你与老板虽说是缘起于钱，但却可以怀着友善之心转变这份因缘。

在工作场所不要总是一脸的不情愿，而是要积极地去应对所有分配给你的工作。这样你现在因工作而生的压力就会大幅地消减，压力小了，办事效率自然见长，也便不会再心生烦忧了。这样的人生才是健康而幸福的。

要想远离压力，首先自己得成为劳动的主人。现在我们都在出卖着自己的劳动，自己开店也好，为别人打工也好，辛辛苦苦全是为了钱。我们虽无法视钱为粪土，却不能为钱出卖自己。就像爱不能用钱来衡量一样，神圣的劳动也不该被贱买贱卖。所以我们必须以主人身份自居，成为自身行动的主人。

然后，既然你已决定要付出劳动，那就像登山一样，在劳动中寻得一番趣味。“这是我自己的事业。”这样想着，努力为其增添一些乐趣。不要一遍遍地看表，而要专注其中，下班时惊觉：“已到下班时间了吗？我还想再做一会儿呢。”

再者，做的事情要有助于他人。若是你的劳动对别人有所帮助，你就能感受到一种名为“意义”的愉悦，这是因为你感受到了自己存在的价值。帮助别人，自己亦获取快乐，就是间接地帮到了自己。

最后，比起结果，更珍视过程。此刻正在行进的过程总是比最终得到的结果更重要。如果你追求的仅仅是登上山顶，可以选择乘坐缆车。如果你看重的是一步一步的攀登，那就要迈动双腿，流下汗水，这样才能领受到登山的乐趣。其实人活世上，只有经历过道道难关，才能尝到克服与突破的乐趣。

可亲爱的读者，你们却总是忽略自己的人生过程。放眼纵览你的整个人生，无论成败浮沉，都是它的组成部分。

人生，过程极为重要，结果却无甚大意义。别人怎么看怎么想，都无需在意。登山路上遇到伤员，理应冲上前将他护送到山下。视而不见，径自爬上那顶峰，又有何意义呢？虽然那山顶是你最初的目的地，但能否最终到达，要看情况而言。不能固执地认为不到山顶，就枉费这一趟。

在职场奋斗的每一天，都是你的人生。此刻你生活中的每一件事，都是你实实在在的人生。就把这自然飘逝的每一天，每一件事，都视作你人生中珍贵的一部分吧。那样你的工作会变得稍稍轻松些。而且谨记：切勿夸耀自己，否则会招来压力。

第八章 与自身的约定，总难兑现

——为了成为有自律意识的行动派

大师，我想问：

通常我能恪守与他人的承诺，却总是无法兑现与自己的约定。每逢新年，我都在心里痛下决心：从新年的第一个清晨起，我要开始勤奋的学习，我要风雨无阻地坚持运动来维持健康。但转眼我就将其抛之脑后，或因种种原因而难以坚持。

等日子飞逝而过，我才后知后觉地意识到之前我决心执行的这些事情真的都很重要。我怎么才能在每一个平常的日子里都保持清醒的头脑，分清事情的轻重缓急，从而兑现与自身的约定呢？

不要被“业识”缠绕

“我要这么做。”你这样想着，与自己做了个约定，但实行起来却相当困难，所以自古就有“三日决心”之说。佛也说，胜千军易，胜己身难。这句话也说明了要与自己的习惯做斗争，即改变习惯是多么困难的事情。

持续了几年的烟、酒或咖啡，要戒掉绝非易事。这尚不算多年积习，却已如此难以戒去，又何况有“多生多劫”之称的业障呢？

所谓业障，虽无从考证它是否真的是历经磨难才得以成型，但想必是难以改变的，不然又怎会用到“多生多劫”这种表达呢？我们经常是这也想做那也想做，这也该做那也该做，最终却一事无成，所以就对自己生了怀疑：我是个意志薄弱的人，我一再食言，毫无自律意识。但事实却并非如此。

想做之事太多，事事还要做到最好，这叫做野心。换言之，你苦恼，是因为野心太大。诸事完美，顺利实现当然很好，但实际上要事事圆满，是相当困难的，要有不懈的努力。

而这努力，并非人人都能付得出来。

那么我们的决心难以付诸实践的理由是什么呢？

分析一下我们的“心”，即我们的精神功能，可知其分为不同的四类。这在佛教教理中被称为“受”、“想”、“行”、“识”。所谓的“受”，是指感受与感官功能；“想”是指思考与记忆功能；“行”是指意志功能；还有“识”则是认识主体和辨别功能。这四种功能结合成“心”，也就是精神功能。

人在长期的生活中形成的习惯被称为“业识”或“业”，这里就完全是辨别功能在起作用。感觉和情感就是依据这种业识而生。不是你告诉自己“我该有这样的感受”，而是你自然地就体会到了这种感受。感情、思维和记忆也是如此，通常是自然生发。人们能靠自己的力量约束和控制的是意志功能，也就是你要做某件事的决心。

人的大部分学识都经由表面意识获得，而且从年幼时就形成的习惯会沉淀于意识的最底部，游离于意识之外的无意识区域。所以人在清醒时，意识掌控着一切；而在不清醒状态下，无意识或者是潜在意识起了主导作用。即人清醒时，意志在一定程度上支配行动，而不清醒时，“业识”担起了主导作用。

人们有时在内心劝告自己“万事莫生气，气出病来无人替”，试图以意志和理智消除怒气，却在看到某种行为和听到某些言辞后，瞬间就不知不觉地燃起了火气。虽然理智在默念：要忍，要忍。但心却听不进这劝告。真到了怒不可遏的时候，只会觉得“此情此景下要我不发火，除非我是神仙。”“想发火的时候谁都不要拦着我。”就这样你抛弃了“要忍”的意志。

清醒明白时你认识到“啊，我真的该戒烟了，抽烟害处多多啊。”但是对烟的渴望却不断生发。当熟悉又诱人的烟味从你鼻端飘过，莫大的烟瘾被诱发并折磨着你。虽然一再警告自己“抽不得”，但在这难耐的折磨下你的意志屈服了，想法改变了。

“我忍得太苦了，我何必为了多活几年而忍受这般煎熬？现在给我一根烟，我真是死了也甘愿。说什么抽一根烟会早死5分钟？不过5分钟而已嘛，早死这5分钟有甚关系。佛祖说了，苦行给不了人们解脱，我这样压着这烟瘾就是一种苦行。佛祖说‘人该走中道之路’，想抽烟想得急了，就该抽一根，这样才对。”

人们往往就是这样折了自己的意志，屈服于自己的欲望。

这就是矛盾。**人们在矛盾中挣扎、摇摆，最终常常是无意识世界中升起的欲望把原本的意志驱逐出境。**无论意志再怎么坚若磐石，撑不过三日就会败下阵来，即所谓的“三日决心”。

要赢得意志的胜利，就要分分秒秒地保持清醒。但事实上人们常常是醒着，但并不清醒。我们入睡后做的梦就是无意识在作用的结果。但是我们如果在醒来后也受这无意识支配，它就成为我们意识和行动的主人。也就是“业”侵夺了主人之位统率着我们。而这种糊涂愚钝的存在便是芸芸众生的状态。

行动是最好的决心

那究竟怎么做，才能赶走霸占了主人之位的“业识”，重新让自己成为灵魂的统帅呢？比方说，你与自己做了个约定，就是每天5点起床做清晨祷告。因为迄今为止你都是在6点或7点起床，突然提早一小时，你觉得眼睛也睁不开，怎么都不想起来。其实5点起床，既有益于身体，还有助于心灵净化，你为什么不想起呢？因为你一直以来在六七点起床的习惯使你对这突来的转变产生了抗拒。

要战胜这种从习惯的无意识世界中产生的抗拒情绪，也就是你讨厌起床的心情，你要下定决心：我一定要起来。其实下决心做某件事时，总会与“不想”的心理作一番斗争。“我要做”和“不想做”的两种思维的争斗从不曾停止。

所以一到5点，闹铃响起来，你也就开始了挣扎：我得起床，我要起床。这时的“我得”、“我要”就是你的意志。但事实上“我得起床”恰恰表达了“我不想起床”的心。也就是在你“要起床”的意志之下，在你内心深处的无意识世界

中你“不想起床”。所以纵是不断地决意“要起来”，结果还是继续睡了过去。即便第一天第二天你艰辛地起来了，到第三天还是会缴械投降，回到原点。

由此我们失去了信心：“为什么我下决心要早起，结果总是做不到？我的意志竟如此薄弱。”平时列了种种计划，却从不执行。其实这在众生的世界是很自然的现象，因为我们人生的主导权实际上被业或业识给夺了去，所以即使知道自己该起来，但因为由业而生的抗拒太过强大，最终战胜你的意识。也就是说，不是你想起而起不来，而是你不想起所以没起来。

对于上面的结论，很多人要为自己辩解了：“我是真的想起，但两眼不肯睁开，脑袋仿佛有千斤重，实在起不来。”果真是这样吗？如果有人用枪抵住你的脑袋命令你起床，你起还是不起呢？如果附近爆炸声，你还会留恋被窝吗？一定是鲤鱼打挺般跳起来逃命吧？如果有人跟你做这么个交易：你早上5点起，他乐意送你一亿元。这交易你做不做？

其实，从你劝告自己“起来吧”的那一刻，你就已经被“业”笼罩，任其为所欲为。必须要起来的话，你就起来好了。就像身边有炸弹爆了，你不再有时间去想“我该起床了”，而是跳起来就跑，这种危急时刻，你哪来的功夫多想。

所以要想改掉习惯，就要消灭“业”的影响。当然，不求什么改变，就按照“业识”来活，也能过得不错。只是不要忘了，跟着“业识”随波逐流的话，你的人生便无丝毫的

主动性可言，仅是任“业识”摆布。所以试着改变你的“业识”吧，学着驱除那些由“业”而生的想法。5点一到，闹铃一响，你什么都不要想，只要果断地从床上爬起来就好。

如果试图尝试但失败了，不要气馁，第二天接着奋战。重复地去练习、去尝试才对，仅止于口头上的决心能有什么改变呢？如果还是不行，那就在晚睡前这么想：明天一到5点，我就起床。怀着这样的心思入睡，不要顾虑太多，不然这个纯粹的意志又会被“业”取代。

很多人都守着固有的习惯过活。“昨天就是今天，今天就是明天，顺着习惯活，有什么不对?”很多人是怀着这种心态度日的。这种人生平淡无奇，一眼见底，看到现在，就可估得出你的以往和未来。而修行之人则不是这么透明简单，他们的人生轨迹曲折不可预测。也许他到今天为止都是每日必抽两包烟，可是如果今天他突然决定戒了，那么第二天他就定是不再去碰烟了。虽说改变是相当困难，但只要肯下决心，再牢固的积习也能改掉。

决心已下，就要坚定贯彻。天崩地陷也好，危机迫近也罢，都要始终不渝，将其兑现。**人的价值观中最重要的就是死亡，“死了都要完成”，如果能抱有这样的决心，那么没有什么能拦得住你。这种心态称为“大决心”。**

佛祖最后安坐于菩提树下就曾立下“大决心”。他说：“我今若不证，无上大菩提；宁可碎此身，终不起此座。”但是别说是死亡，就连一些小小的苦难与疼痛人们都难以忍受，撑不过一时片刻就妥协退让。只要有了“大决定心”，世间一切烦恼都会落荒而逃，“业”也不再是不可战胜的对手。

静坐冥想的人，认为只有在感觉时间飞逝，神清气爽时，才算达到了冥想的境界。如果困意浓浓，腿脚酸痛，就不会学有所得。这些想法都是错误的，因为这本是随着自然因缘而起的“业识”而已。无论你的心情是好是坏，那只是一种情绪而已。天下人都觉得好心情强于坏心情。对众生来说，因喜欢而去做，要好于勉强自己去做。但事实却是，欢欢喜喜地去做也好，不得已而为之的勉强也罢，意义都是一样。关键是，你行动起来了。

人生便是一场修行

如果今天你与自己约好："之后的一千个早晨，我要在5点钟起来做一个小时的祷告。"那么从今天开始，你就守住这个承诺，每天5点起来把祷告完成。你把这看得太难："千日祷告？怎么可能？"有什么呢，你要做的就是别想太多，每天睁开眼睛就开始你的祷告。一日一回，千日过去，你就完满地将这诺言兑现了。这一千日里，你的生活照常继续，什么可能性都有：可能会有悲痛丧事，可能会开始一段旅行，家里可能会迎来客人，身体可能会突生病恙。

遭遇不顺心之事，使你没有什么心思再坚持下去，你会想"留到下次做行不行？""今天就偷一次懒，明天做两遍补上不行吗？"甚至还渐生疑惑："这样做祈祷，我就能大彻大悟了么？""活到现在我一直都过得不错，干嘛非得做祷告？"坚持不住的时候，想得也特别多，这就成了烦恼。烦恼的产生无人能挡，命令也无效。

当你陷入这些苦恼中，问题就产生了。烦恼层出不穷，将你死死缠住，最终将你收为它的俘虏。所以你要对烦恼的产生冷眼相看，满不在乎。“烦恼啊，离我远一些吧” 的想法太过天真。相反，你要达观，要冷静，要诚实地承认这些烦恼已经找上你：“啊，我有了这么个烦恼，我想到了这个问题，这会儿我很想做这件事，此刻我真没心思处理那件事。”摆脱了这羁绊，你才能按自己的意志行事。

诸位如果是辛勤务农的农夫，一定期盼老天隔个几天就下一场好雨，好养得庄稼丰实饱满；但是那雨又岂能召之即来挥之即去？它可能一下就下个十几天，也可能一停就停个把月。尽管它如此变化无常，我们不还是适时利用，推进农事吗？悠长岁月里积下的经验还是让人们慢慢摸准了它的脾气，灵活利用着它。人们挖地下水，修筑堤堰，都是为了不受这无常天气的限制。

像这样洒脱大气地看待烦恼，诸位就能在修行中逐步精进，任那烦恼扑来，或是业识嚣张，都能绰绰有余地应对，不受任何牵绊。现在只要漏了一餐，你都会受不住那胃中的空虚，两眼昏花以致眩晕不已。那你不妨尝试断食一个月看看。有了饿肚子一个月的经历后，一两天不吃饭根本不成问题。因为你心里明白，饿一两天不会饿死人。

人各有所愿。那愿望能得以实现，定是欢喜；实现不了，则会垂头丧气。但若踏上修行之旅，人们就会领悟到：纵使心想事成，也不该被那喜悦冲昏头脑；美愿化作了泡影，也不该心灰意冷。因为他们看明白了这一切不过是业在“捣鬼”，所以才能有一种云淡风轻的姿态，才能做到“不以物喜，不以己悲”。

诸位对那渴望之物奋力争取，努力一两次仍不能到手，常常就放弃了。但是修行之人对渴望之物却要做百般尝试。今天不成功明天接着来，这种方法行不通就换种方法，锲而不舍，坚持不懈。如果总想投机取巧，寻觅蹊径，就难免遭受挫折。

因缘果报一说中绝不会有“挫折”一词。努力十次仍不见效，那一定是有缘故的。找出问题所在，下一次就会成功。人活着都要经历失败，但失败不同于受挫。对修行者来说，可以失败，却不可以受挫。不成功就继续挑战，没有继续的必要就放手，应该继续下去，就一直奋斗到底。不是一味地埋头蛮干，而是边琢磨边思索着前进。这样才会不断有新发现新收获。

如果不想失败，只需学着别人的样子来活就可以。如果想保住公司的经营，别人的研发成果照单全收，是最保险的方法。但是循着别人的老路，却想开辟自己独一无二的领域，结果很可能是惨败。别人开拓的路，于你是陌生的旅途，难免磕磕碰碰，顾此失彼，失败也是自然的。

这世上所有的人都在这轮回的围墙内茫然彷徨，徘徊不定。业障引发了业力，业力欺压住人的意识，使之重又生出新的业，有了业后就有了果报，于是接着累积新的业障，就这

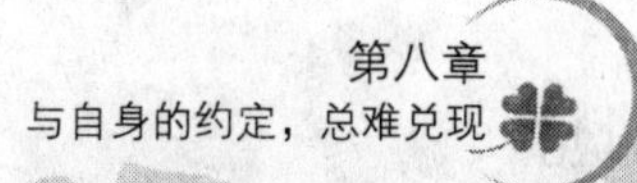

样，轮回重复上演。但能从这轮回中逃脱的人，却不到万分之一。

业就是如此可怕。就这样放任自流，人们痛苦不堪；想从中脱身，却无能为力。真决意要获得解脱，就要经历无数次的失败并继续前进。喜欢也好讨厌也好，就这样一次次地奋勇挑战，你不会再在“喜欢与否，想做与否”这个问题上想不开。你的人生也会超脱了你的业识，获得自由。

清晨踏上上班路，就开始了新的一天。不论你今天获得了晋升，还是遭遇辞退，不论是薪水优渥，还是所得不多，这都只是你人生中的一天而已。笑也好，哭也好，那笑容和眼泪也只闪现在你的今天。真正懂了这个道理，笑也有了节制，哭也不会昏天暗地。这样的人生才平坦广阔。

现在，让我们把修行路上遭遇的失败看作是一场场的练习。在这种百折不挠的心态下，要战胜自己身上的小毛病小习惯就不再是难题。即便现在的你仍时不时被习惯左右，但请记住，你正在逐个修正它们。

第九章 「周末夫妻」，让家庭不和谐

——兼顾家庭与事业，寻找平衡点

大师，我想问：

婚后，在妻子的照料下我刻苦地学习，终于求得一份不错的工作。而妻子也被外地的一家公司录取。我们夫妻两个不得以分居两地。起初这样的日子很难捱，工作累，人也寂寞，我曾一度沉醉酒中。后来我有了外遇，婚姻也因此几乎濒临崩溃。去年年末，我虔心忏悔，决定与妻子破镜重圆。但是至今我仍难排解那如影随形的寂寞，一人过日子很累，经济上的问题，职场中的压力，都让我痛苦不已。

最近，孩子也成为一个突出的问题。孩子总是与妻子争吵不休，惹得我头疼不已。这是我的孩子，但我却因为事业上的野心，难与孩子朝夕相伴。如果孩子日后人生不幸，我真不知道要如何担当，每每想到这，总会心生不安。在职场打拼了十年才有了今天的地位，我留恋甚深，很难放手。可是想到家庭，我又觉得不管是为了孩子，还是从我个人立场出发，我都应该珍惜家庭，享受天伦之乐。在此请大师明示。

婚姻是自己的选择

人生由自己选择。一般人都渴望幸福美满的家庭，于是结婚生子，享受夫妻间的恩爱，子女的孝顺。而且一旦结婚，就要承担起责任，维护好家庭。能拥有梦想的一切，还能获得众人的尊敬，这样的人生实在难求。既然选择了婚姻生活，就要守着这姻缘，明确人生的方向。

夫妻二人长期异地分居，寂寞就会乘虚而入。您的妻子想必跟您一样，忍受着独自一人的清冷孤寂。所以在决定要异地生活时，就要做好对方可能会结交其他异性的思想准备。要明白分开的这段时间里对方结识新朋友是自然的事，不应以此为借口，彼此说长道短，闹得双方不快。

婚后不论因何种原因与你的伴侣分居两地，都要克制自己。**修行，从来都是一个人自己的事情。总想让别人来迎合自己，那不是修行。**人总要认识新的朋友，这是你无法阻止的。如果对此有担忧，就想办法住在一起。不论如何都不该以婚姻形式来束缚对方的自由生活。

买不来的家庭幸福

你要明白，比起离婚，这种分居两地引起的夫妻间的貌合神离，对孩子的影响更坏。孩子不听母亲的话，是有他的理由的。因为他心底里没有滋生出对父母的敬爱之情。父母把钱放在首位，将夫妻关系或家庭置于脑后，这样的人生选择和人生理念，如何能获得孩子的尊重呢？**孩子有问题，基本上不是来自他们自身，而是源于父母。**

所以，这位先生，不管你现在是对夫人仅剩一丝怜惜，想偿还感情背叛的债，还是考虑到了身为人父的责任，我都要告诉你，比起事业，家庭更值得珍惜。

人生真正的价值是什么呢？是与深爱的人在一起，还是选择身外的钱财？是身为人父的你在孩子的成长中扮演好自己的角色更重要，还是钱更重要？**人与人之间互相交付的真情，父母与孩子间的至爱，都无法用钱计数。**扔出大笔金钱，为孩子请来家庭教师，雇佣私人司机送孩子上下学，招个家政服务的阿姨来为孩子做可口饭菜，这不是真正爱孩子。在这样的关怀下长大的孩子，甚至都不懂得感恩。这样做反而是害了孩子。父母与子女间的爱，是不能用钱来衡量的。

不要沦为钱的奴隶，不要痴迷于名利，不要妄图人见人爱，否则你会迷失了自我。你要成为自己的主人。

在学习成为自己主人的过程中，你会遇上这个问题：“我是谁?”当你回望人生，发现自己因事业而冷漠妻儿，你会心痛后悔。因此我要劝你，回到妻儿的身旁，哪怕是帮妻子打扫下房间，或是为孩子做一次饭，整理一下书包，这些都会让你和家人感到幸福。“之前的十年，你为了我的事业付出了太多，从今往后的十年，换我来照顾你吧。”在你结发妻子面前，你也可表达你的谦卑感激之情。

“我是为了你，才放弃了事业，舍弃了名利。”怀着这种心态回到妻儿身边，肯定会产生矛盾。“我为了你放弃了风光无限的事业和职位，而你又为我做了什么?”夫妻争吵中，你出言伤人，这样的日子持续不了几年就会走向最后悲惨的结局：离婚。

对于放弃事业的痛，你要提早消化；对于今后日子里的争吵，你也要有所预料。你确实为了家庭放弃了事业，但却不能认为这是一种牺牲。悉心弥补你之前忽略家庭的过错，你才能摆脱内疚与自责，挺起腰杆。身上背着债务，就总会因为心里那股愧疚感和罪恶感不能挺胸抬头。

“老婆，我与你这样天各一方，即使挣得千万，又有什么用？没有你在身边的日子对我来说没有任何意义。我考虑再三，于我，最珍重的还是你和孩子们。就为了那每个月的薪水，我出卖了自己，抛弃了你们。总觉得自己的人生空虚无意义，现在才明白，这空虚是因为我忽略人生的至爱，专注于无意义之事的结果。到如今我才醒悟：你们才是最大的财富。所以我回到你身边了。我欠你太多了，老婆。安顿好了我就会去找工作，我无意加重你的负担。清扫、煮饭、照料孩子们，都交给我吧。你回到家来，只管舒舒服服地坐下来，让我为你捶捶背按按摩。我真的想过过这样的日子。”

当你重又回归家庭，融入其中并担起你的角色，定会感叹不已：“啊，原来这样的日子才叫人生。幸福这么近，我却像个傻子跑到千里之外去寻觅！想起那一个个与酒和电视相伴的不眠夜，我都忍不住懊恼万分，我怎么会选择那样的生活?”而现在，你真诚的守候和付出，使得妻子再也不觉得寂寞和凄苦；你疼爱孩子，也享受孩子回馈的爱戴，这才叫幸福。

家人比一切都重要

或者你做出另外的决定：与家庭彻底分离。如果你觉得自己实在不能放弃如今蒸蒸日上的事业，跑回小地方去照顾家人们，方法就是与他们道离别。心里的债务无法以情偿，那就得用财物来还。将积蓄作为补偿送给家人，日后的工资也都分出一半作赡养费，以此来换取自由之身。想交女朋友也可，想再婚也可。“我的前半生虽然出了错，但后半生会认真地过。”这适用于所有受法律保护的、拥有自由权的公民，却绝不是一个修行者应有的态度。

提问题的这位先生说自己有一个好工作，不知其具体好在哪里？是开的工资够多，还是经常受到别人的羡慕？虽然不太清楚，但我能确定这份工作使你的家庭破裂，妻儿陷入痛苦，这怎么能称得上是好工作？

停止这种不完整、没定数的人生吧。你是第一个受害者，你的妻子是第二个，且不要忘了，你的孩子们亦得不到幸福。这种情况下，还是早些离婚比较明智。这样不明不白地拖着，于谁都没有好处。不要因为太过在意别人的眼光而难做选择，这样只会是浪费时间。

人活着，渴求的东西太多，结果只能顾此失彼，最终落得两手空空。特别是为人父母者，更不该如此，父母不能认为自己的职责就是赚钱给孩子。这位先生说的对，为人父就要常伴其左右，给予父爱。当然了，父亲就算漂洋过海到沙特去赚钱，或是这个孩子自小就失去了父亲，也不会给孩子带来什么特别大的伤害。他顶多会在心中想念，总不至于患上精神分裂症。

没有父亲，母亲独自带孩子也并不是什么大问题。就算丈夫不在身边，但只要她心中深爱着自己的丈夫，以爱来教育孩子，孩子照样能顺利成长。相反，就算丈夫如影随形地陪伴着，但她心里无爱，甚至充满厌恶或蔑视，也会给孩子带来很大的精神上的影响。

既然执子之手步入婚姻殿堂，那就该遵守誓约，共度余生。如果真到了糊口都难的艰辛境况——就像前面我提到过的北韩那个可怜的家庭，被逼无奈下妻离子散，相约有生之日再见面——如果是这样，那么你说离婚，尚能理解。但是那些拿着孩子和事业做借口离异的人们，真的需要好好思考一下自己的家庭观了。**不论何时，人们都应该将家庭的价值置于首位。幸福，是源自家庭内部，而不是外界。除了为大众献身的事业，没有什么能比家庭更重要。**

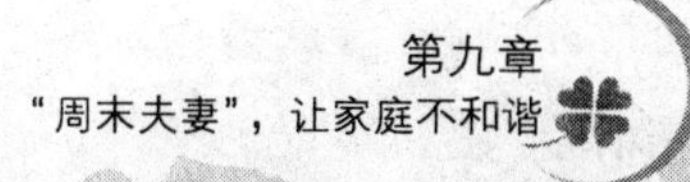

但是对大家来说，似乎金钱和地位都重于家庭。人气也在家庭之上，欲望也在家庭之上。乐此不疲地追逐着这些的人们，就渐渐忘记了家的珍贵，最后抱憾终生。想想看，当你从高高的权位上跌下来，当你的钱挥霍个精光，当你的情人无情地离开了你，你唯一能去的地方，只有你的家。

有一次我为一对夫妇解忧。丈夫说自己身体不舒服，非常痛苦。在我看来他的确身体不适，于是好心劝告："您的脸色看起来确实不太好。为身体着想，您还是请一两个月的假，好好疗养吧。"话音未落，夫人就开口了："先撑上6个月，之后再休息不行吗？"人都病得不行了，为什么现在不开始疗养，还要再拖6个月呢？结果这夫人支支吾吾地告诉我说："再有6个月，我家先生就要升为理事了。"

是啊，再撑半年就能升到理事的位子上，这个节骨眼上请假修养身体是万万行不得的。就算现在拖着一副病体，但只要晋升为理事，薪水自然涨得厉害，那时即便休息，也不必心疼医疗费了。相信这位夫人心里是打了这么个如意算盘。**现在人都快不行了，身为妻子，她更关心的不是丈夫这个人，而是把他看成钱来精心盘算。人毕竟只是人，人活世上，要把人当人来看，这是非常重要的。**

不应被伤害的孩子

都说软弱是女人的代名词。为什么？因为她们总是渴望依靠男人。但是母亲却很强大。同样是女性，母亲这一称呼却为其增添了强大的力量。为什么呢？因为母亲总在保护孩子，对于一个孩子来说，母亲就是他的神。幼小的我们都是在母亲的保护下安然地成长。

但是本该受父母保护的孩子却被弃之不顾，因为他的父母都忙着赚钱，忙着在职场打拼，忙着追名逐利。如果不想保护孩子，又何必要带他到这世上？保护不分男女，母亲就应该是孩子的保护者。

但是近来，一些女性却总在母亲与女人的定义上混淆不清。当提到母亲的职责时，决不能再去计较性别问题。既然生了孩子，就要担起保护和抚养的义务。如果担不起这义务，就不要随便把一个生命带来世间。

最近人们对家庭变得冷漠。在家庭经营上的漫不经心，不是因为人们忙于献身人类事业，而是因为忙着赚钱，忙着升职。这样的人绝非少数。若在过去，温饱都成问题时，尚可理解，但现在衣食无忧，诸位有必要抽时间审察一下自己的价值观了。

不要总觉得自己为伴侣做出了牺牲，事实上你对至爱之人，对孩子，对家庭所做的一切都是应当。认真想想对你来说，什么才是真正的幸福。想明白了，才能选择一条真正正确的道路，才能过得无怨无悔。

第十章　公司无道，我很苦恼

——获得价值观和勇气

大师，我想问：

老板在经营中暗做手脚，我对此十分厌恶，心情十分沉重。为了保住工作，就必须听从老板指示，做一些不正当的事情，这使我良心不安，很是苦恼。我该怎么修行才能得以解脱呢？

感情用事是大忌

发现职场中的不正之风时，该如何应对呢？首先，当你认定一件事情为不正之事时，先要想好你是以什么为标准来判断的。是以社会原则为基准，还是以公司规定为基准，还是以伦理道德为准绳，定好标准，才能对其是非性质做出判断。而且，即使是同一条法律，也是仁者见仁智者见智。有些人心术不正，做出的事情却能逃脱法律的制裁；有些人的善意之举却为法律所不容。这种令人不平之事，常在生活中上演。

在任何情况下，你都不能武断地判断一件事说“这太不讲道理了！”修行之人尤其不允许根据臆测去断定是非。出现问题时，你要冷静思量：这是否触犯了国家的法律，是否违反了公司的规定，是否与道德伦理相悖。而且你还要审视一下自己的判断是否掺杂了主观感情。

我还知道有这么一些人，在铺天盖地的舆论影响下，违背自己的本意，随着世人一起谩骂吵嚷。结果此人在公司里受尽冷眼，无处立足，精神上也受到很大的打击。对“无道”的评判很容易掺杂个人情感，所以要时刻留心，不要偏向了主观的自以为是。

如果人脉够广，后台够硬，即使做了“无道”之事，也会有人帮忙掩藏。相反平时就没什么人气，亦无人撑腰，即便行事光明，也能被别有用心之人颠倒黑白。又或许确实犯下“无道”之事，在有人撑腰时能躲过正义的审判；一旦丧失了人际关系就只能被揭发，受到众人的批判。并且一些社会上习惯性认可的、已成为普遍观念的事情，也有可能突然沦为众人唾弃的“无道”之举。

这样的例子不胜枚举，其中之一就是老师们私下收礼的现象。这在以前本是家长们去学校向老师表示谢意时递上的小礼物，多是些地瓜、栗子之类的食物。到了现代社会，则发展成为现金文化。心意都是一样，可转换为金钱来表达时，就出现了问题。问题，就是这“心意”太过厚重，带来不良影响。

如果从宗教观点来看，比起死板的法律条文，人的意图更重要。举个例子吧：公司里的秘密资金都是以公司职员的个人名义来管理，在外人看来，这绝对是不正当的。但在这家公司里的成员看来，这却纯粹是为了公司的发展和壮大所采取的必要行为。这种难下定论的情况随处可见。

价值观，勇气，还有信念

人们面对公司的不正现象时总会苦恼不堪。特别是上司命令你去做一些明显属于违法乱纪的事情，更会让你为难。不做吧，违拗了上司；做吧，万一日后出了什么差错，肯定是你来承担责任，因为是你具体负责，作假造伪之事都是经你手完成。这种棘手的问题在何处都可能遇到。而且即便你将其曝光，外界会觉得你勇敢正直，而在公司内部则会觉得你是叛徒，不讲义气。

人们常常会对自己的校友、同乡或者同教派的人们顾念情分，宽宏大量，对他的错误轻描淡写，加以掩盖。所以我们在看待“无道”问题时，要从更广的角度去理解。

首先，对待“无道”问题，切不可介入私人情感。如果人们对于“无道”的揭露是出于强烈的报复心理，那么即便有罪之人得到了相应惩罚，这件事的意义也会因动机的不纯而大打折扣。所以即便是“无道”之事，也不应以个人的利益和情感来对待。

其次，有时要撇开私人感情。比如，韩国人民应该站在本国这一边，当韩国对别的国家做了不当之事，一个韩国人如果挺身而出谴责自己的祖国，就会遭到同胞斥责，称其损害国家利益。这种情况令人进退维谷，难做抉择。

其实这种时候，坦诚地承认错误才是对我们的国家最好的选择。虽然自己会痛苦，但只有这样我们的国家才能得到发展。虽然长久以来我们都倾向于事事维护祖国，但这还有待改善。每个人都有责任依据事实，端正立场。

为了不依据个人感情武断解决问题，首先要在心中对问题做一番细致的思量。

“这个问题是否真的需要我们着手处理，它是不是与我们的既定原则相冲突，是不是触犯了法律，对它的改善是不是更有利于我们组织的发展、国家的安全?”像这样首先在心里细致地琢磨，当你想了再想，发现对它终究是无法睁一只眼闭一只眼，就可以为了整个集体的利益，将其昭示于众。当然，你要做好牺牲的准备。

改革从来不是一帆风顺，过程中总会有抗争。要使那运动的物体停下来，都要对其施加一些力量，何况是要匡正那些人们早已习以为常的不正之事呢？曲折和抗争是必然的。这抵抗就表现在人际关系上的矛盾。所以决心要革除旧习时，一定要做好牺牲准备，去面对那些矛盾。

在牺牲个人利益时，你需要保证以下几点。首先，你的牺牲是有意义有价值的。第二，你要有敢于牺牲的勇气。最后，你要有坚如磐石的信念，这样才能坚持不懈，一贯到底。有时候你勇敢地冲上去，却因为后劲不足而放手。所以要有信念才能撑到最后。

如果有一位老师劝其他所有的同事不要收家长的谢礼，虽然会受到排斥，但他并不后悔。这里的重点是，如果一个人对不正之气的反抗是出于真心，那么他所遭受的抵抗和付出的代价都会最小化。现实生活中可能人人都讨厌这种爱管闲事的人，却会在心底里慢慢接受这个人的真诚，且日后也可能与他重归于好。

参照佛理，精选人生路

这世上心存正义的人不少，但同时他们也想趋利避害，维护好自己的利益。这就使得他们在面对龌龊事时踌躇不决。天亮醒来鼓励自己去揭露这肮脏卑鄙之事，可一想到家人的安危，就又改变主意，保持缄默。良心和私心的斗争使你胃口全无，消化不畅，终日借酒麻痹自己。

但是如果诸位依着佛理自我修行，在遇到“无道”现象时就不会为它寝食不安了。**佛说不因悖理之事盲目挑起是非。要明白：“这只是我自己的判定而已。”而且参透佛理，你的人生观就变得坚不可摧。你不痴迷金钱，也无意攀附权贵，从而就能毫不畏惧地坚持：做个清洁工也好，干杂活零工也罢，我就是不能在这乌烟瘴气的团体中继续遭受熏染。**

我们要看透并理解这个世界，只有这样才能纵览全局，胸有成竹，从而沉着应付。不是让你对“无道”漠然视之，而是让你在充满了“无道”的世道中也能坚定不移，信念铮铮：“举世皆浊我独清，我要走自己的路。”

佛祖曾说，世界上存在着四个阶层的划分，然而这阶层之说绝不存在于佛理中；世上有男女之分，佛界绝无此分别。佛祖艰辛参悟出的真谛，我们自是应该将其实践于社会。韩国的佛教不正是大乘佛教吗？所以我们理应追求社会正义，这是我们的时代使命。

抛却怨恨，常怀感恩

虽然不清楚您所说的“暗做手脚”具体是什么意思，但据你的情况推测，大概是老板命令你去做“双重账本”吧。在公司担任财务管理，老板却总是指使你从中调取秘密资金，这该如何应对？为生存不能一时冲动辞职，继续干下去就相当于继续蹚浑水，这可真是个大苦恼。

这时候你首先必须清楚修行是什么。**修行，并不是加诸自身许多严苛的准则，而是去探求胸怀一颗怎样的心才能远离苦痛，才能怡然自乐、活得幸福——这才是修行的要义。**

诸位在想与他人打架去狠狠教训别人或者是想偷东西时，想陷他人于祸殃中时，又或是说谎骂人时，心情真的很爽快吗？不是的。心脏狂跳不已，兴奋却不安。再想想撒谎后又一五一十承认的时刻，感觉是不是如释重负，很是舒坦？

所以尽量使自己的行动光明正大，遵守道德吧，这样才能使心灵归于淡泊和静谧。但是否只要按照伦理道德行事，就能换来心灵的彻底宁静呢？绝对不是。即使品行端正，也逃不开一些烦心事。只有在正直处世的基础上，研习心性奥秘，才能最终进入没有痛苦的空寂世界。

那我们面对这些不道德行为，该如何应对呢？为了营生硬着头皮做，但心里却矛盾痛苦时，我的建议是不要再去触碰这违法行为。

你要记住，你在这家公司上班，是为了你自己，而不是为了你的老板。虽然是老板让你去做这些事情，但毕竟你没必要一定在这卖命，真正决定留下的，是你自己。这样看来，问题就出在你身上了。

依据修行理论，你的苦恼责任在你。你是为了自己的利益，为了挣更多的钱，为了更稳定的生活才继续着这不法行为。所以没有必要把你的老板扯进来。

那么遇上这种情况该怎么做呢？首先，我认为哪怕是挣得少些，活得苦些，也绝不该做这种昧良心、违法律的事情。并且，就算你被炒鱿鱼，也没必要去怨恨你的老板。**坚持走正路，就总是要付出些代价。决意修行，就意味着要抛弃一些俗世的利益。**

佛祖不是为了精进修行，抛弃了王位和亲情吗？只要对修行形成阻碍，不论是什么，都要决然地放弃。有时候甚至连生命都不例外。这样你就没什么苦恼了，事情很容易得以解决。

但是，如果你无论如何也不能放弃这份工作时，该怎么办呢？你要做好思想准备：我为了一己私利，做了这些不法之事，总有一天我会得到相应的报应。当那一天到来时，不能怨恨任何人。这样定下决心后，不要再因为老板吩咐这些不道德之事而怨恨他，而要从公司立场出发，把这看作维持公司运营的必要手段。

从这个角度去理解的话，你就不会再痛苦。不用去考虑事情本身的对与错，你只需站在老板的立场去理解。你不会再怨恨他，还可以怀着一颗平和的心，向他提出意见：不要再做这触犯法律的事了。如果老板拒绝你的意见并请你走人，那就欣然离开。向他提一两次意见他仍照做不误，你就要做个选择了：是离开，还是做好迎接果报的心理准备，留下来。

人们如果诚心修行，绝不会在乎丢了工作。即便继续工作也绝不是乖巧温顺，一声不吭地帮老板掩盖不正行为，而是要为阻止这种事情而努力。如果努力没有收效，反遭解雇，也不会耿耿于怀。

第十一章 追求精神丰润，而非奢华的人生

——不是只为求生存，而是为自我的实现

大师，我想问：

在做志愿奉献活动时我总想改变我的业识，想听到他人的赞美，内心里也涌起学习我不太擅长的技能的欲望。这种为了自己而做的“奉献”，怀着这种心思所付出的劳动，还能被叫做奉献吗？

人生得以解放的最崇高之路

人在世间所做之事大致可分为三类。第一类是奴隶般的劳动，也就是零回报的劳动，相当于强制奴役，劳动榨取。回顾人类历史，长久以来被强制贡献劳动成果的人们不计其数。整个人口的百分之八九十都被统治阶层随意征用，来服务于他们骄奢淫逸的生活。

第二类是工资劳动，即以自己的才艺、智慧或力气来换取酬劳。现在大多数人都属于这种工资劳动者，或者说是工薪族。

第三类是虽然付出了劳动，本人却得不到回馈。原因是这样的劳动是在服务自己。诸位能在把自己的脸洗得白白净净后伸手跟别人要钱吗？能在洗个澡一身清爽后要求报酬吗？为别人搓澡尚可开口讨要报酬，自己洗澡能跟谁收钱呢？为自己做事情，是无需考虑钱的。如果能不分你我，彼此一家，将世间事都看作自己事，那么不管做什么，都无意计较事后的报酬。这就等于为自己，为世界来使用自己的智慧和技艺。这就叫做志愿奉献，佛语称为“菩萨行”。

但是这种自愿奉献有时会与强制劳动相混淆，因为这两类劳动都没有回报。不同之处在于其是自发性还是强制性。所以学生们在老师命令下很不情愿地参加的“志愿活动”，其实应该归于强制劳动。我们国家号召的名义上的“志愿人伍”，实质上与强制劳动也没有太大差异。志愿劳动，必须是出于心甘情愿，出于自发性。

奉献之心，是因为你相信“我的技艺和才能都不是我的专属之物”。所以当“我”为社会服务时，心意发自肺腑，勤恳劳动也是理所应当，绝不会贪图回报。这种心态源于佛家“三无”思想（无我、无所有、无我执）中的“无所有”观念。你与我的划分不必太清楚，你的事情与我的事情也不必算得太明白，为你做事，也就是为自己做事，奉献世界，也将泽被自身。心诚至此，又怎会计较得失？

这才是真正的志愿奉献精神。奉献，是数千年前佛祖就已参悟并向众生指出的一条道路，它坦荡广阔，直通向人生的解放。

抛弃“为了世界，牺牲自我”的想法

我们现在所说的“奉献”，尚是一个由工资劳动向志愿奉献过渡的阶段。当我们付出了价值百万的劳动却只收取了十万的报酬时，就已然体现出我们奉献的心意了。因为是志愿奉献，所以不在乎有无回报，奉献之人只求自己的心意能为人所感，劳苦能为人所知，隐隐地希望听到一句“辛苦了”。如果辛勤的劳动不为人所赞赏，就像该得的钱没到手一样变得心情低落。

如今我们口中的“奉献”，尚不是完全彻底的奉献。我们长久地从事着有偿劳动，当实践起无偿的奉献时，即使拿不到钱，也总想以好名声或其他什么来代替金钱作为酬劳。人们要做到真正的奉献，必须要有“菩萨行”的精神。

这位提问者说自己做了志愿活动总想得到关注和称赞，这绝对可以理解。因为有很多人都不曾做过志愿活动，志愿奉献者理应得到尊重和赞赏。现代西方有很多人投身奉献活动，最近我国的各种志愿奉献者也层出不穷，日渐增多。奥运会、世界杯时少不了志愿者的身影，国际活动常常大规模募集志愿者。只说“服务”也许会有歧义，这服务前要加上“自愿”二字，才能称得上志愿奉献。也就是说真心实意地想出自己的一份力量，绝对不计回报。

但修行之人则是“菩提萨陀”，即“菩萨”。他们是彻底的奉献者。决意追随佛祖踏上这至善之路的修行者们，如果觉得自己正牺牲自己为世界、为众生谋福利，那他就不与佛祖同门了。这样的想法到最后终究会转为憎恶和怨恨。

修行者哪怕只是在心中嘀咕“我为你牺牲了这么多，你却没有半分回报”也不行。你做了奉献，想得到称赞，说明你内心深处依旧暗暗渴望回报，即便不是钱，也是世人的赞美之类。这虽然能称得上是世俗中的“奉献”，却绝对离“菩提萨陀”的境界相差甚远，也无法与修行者追求的彻底的奉献精神相提并论。

所以继续你的奉献活动，并在这过程中净化心灵，摈弃对赞美的渴求，渐渐领受修行者的至真至纯、毫无私念的奉献精神。

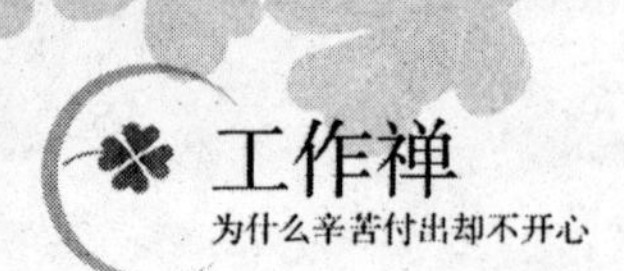

大师，我想问：

我在一家公司已工作了20多年。因为承担的工作并不重要，在评业绩和职称时总被晾在一边。多年坚持下来的工作，我总是一丝不苟地对待，但现在觉得激情消退：勤勤恳恳、兢兢业业地付出，也只能永远停留在这个职位上，不禁对这份工作的价值生了怀疑。想跳槽到别处去吧，又怕很难找到合意的工作，况且适应新环境对我来说也是很大的挑战。再加上每每念及同甘共苦的同事们，总觉得这是对他们的背叛，从而心里无比愧疚自责，所以这跳槽计划就一直拖延至今。我该怎么做？

众人砍树我播种

工薪族都一样，希望付出的劳动能赚得更多的回报，而如果能攀上高职位，薪水自然更丰厚，所以这位先生的想法我非常理解。能升职当然好，但这位先生说他一直得不到提拔，是不是说明他能力不够呢？能力不足之人常幻想着神明眷顾，赐他一身才华，就是所谓的“祈福”心理。而这却不是修行者的选择。

诸位亲爱的读者，你们应怀有如佛祖般纯粹的心，实心实意地投身于自愿奉献中。如有晋升的机会，也能先谦让他人，最后考虑自己。“得到提拔的人就让他一路领先吧，我照样沿着我的路悠然前行，追得太急，我的腿怕是要疼了。”这样想着，就能排除杂念，专注于工作。不会再因为渴望他人的称赞和更多的报酬而日夜不安。

哪怕世人都争着去砍光整座山上的树木，我也会独自一人弯下身去，补种一棵树苗。这种坚决和正直的心意，最终将为你带来福音。所以这位先生也不要再觉得自己遭受着冷遇，而是该看得更远：“啊，原来公司也是个能让我实践‘菩萨行’的地方啊！”

大师，我想问：

我在工作上从来没有那种“我要好好表现，我要成为最好”的上进心，这样也可以吗？逃避竞争的心理使我很容易就放弃或者消极散漫地对待工作，这样下去好吗？

幸福与希望给我们的启示

其实不是这样的。当你拥有菩提之心时，你的工作会变得更投入。为了赚钱或是赢得颂赞的工作，一开始会让你激情饱满，一旦时光流逝，你就会开始厌倦，热度也就会消退。同时你的野心也膨胀了：你要更多的酬劳，更高的赞美。

可怀着佛之善心去做事，就绝不会受到他人或是金钱、赞美的束缚。人们对于自己喜欢的事情总是乐在其中，不知疲倦。时常还能灵机一动，迸发奇思妙想。没有竞争对手，照样做得一丝不苟，毫不含糊。

当今社会不论什么都要通过激烈的竞争去争取，都要付出很大的代价。所以越来越多的人才会疲于应对，背负压力甚至患上精神疾病。如果每次都逃避竞争，躲避磨练，就会远远落于人后。现实就是这么残酷：要么顶住压力紧紧跟上，要么逃避竞争，然后被无情淘汰。

但是除了这两条路，还有一条能让你远远走在别人前头的路，那就是修行之道。不管熙熙攘攘的人群埋头冲刺的目标是什么，只要方向是错误的，修行者就不应该趋之若鹜，随波逐流。这就是修行的起点。不管多少人喜饮可乐，考虑到它对身体有害，修行者不会去喝；不管香烟名酒多么名贵，抽了喝了对身体没好处，就决不去沾染。

你大可不必在竞争中虚耗精力，而是掉转方向，退守那清心寡欲、与世无争的世界。不是沦为竞争中的淘汰者，而是压根就置身竞争之外。从无休止的竞争中脱身而出，你会一身轻松，之后再怡然自得地开拓人生。不要再挤在人流中，同他们一样冲动莽撞地争夺不休了吧，否则你就会像瑟瑟秋风中飘摇的落叶，在风终于止息的那一刻，无从预料自己将叶落何处。这样的人生走到尽头，除了悔恨，你一无所有。

近来佛之教义之所以风靡欧美，就是因为这些指示给予这些人崭新的希望。他们学习佛教，不是为了祈祷福祉降身，而是为求得顿悟，探究这向他们昭示了幸福和希望的佛的真谛。我们的社会也逐渐进入一个新时代，这个时代接受了佛祖的至理箴言。这之前，因为人们物质生活的贫乏和希望的虚空无依，各式各样的祈福宗教曾遍地开花，繁盛一时，但是它们却不能存留至未来。

未来的社会愈加开放、透明、平等，愈加趋向于一个全球共同体。在这样的一个新世界里，人们如何能继续依靠祈福来解决问题？祈福不能给人类以希望，就像抽高级香烟并不能治愈你因抽劣质烟而损害了的身体，坚毅果断地戒掉才是最明智之举。我祝福亲爱的读者们，都能迈步踏上这条崭新的道路。

附　录

智光大师（Ven. Pomnyun Sunim）

活动记事

1. 佛教修行：1988 年，创办净土会。设立有净土修炼院，净土佛教大学，并在韩国全国各地及世界其他很多国家设立了净土会的分会。大师参与各地的演讲，指导人们修行，并为众生排疑解难。他的“即问即答”法席尤为著名。另外，还创办了净土出版社。

2. 保护自然环境：1994 年设立韩国佛教环境教育院，后改名为“Ecobuddha”。1999 年展开了环境运动，旨在培养人们亲大自然型的生活方式。并倡导“空饭碗运动”，这是倡导大家践行“不浪费一粒食物”的活动。

3. 救助第三世界：1993 年，设立国际消除饥饿疾病文盲机构“Join Together Society”（简称 JTS），并在印度、朝鲜、菲律宾、阿富汗等地设有海外分部，对菲律宾、印度等地进行跨国界的人道主义支援。

主要活动

a. 救助印度等国家街头的流浪儿童，并运送各种物资、食物，改善难民的生活。

b. 通过街头募捐等形式筹集善款，用于学校的建设，使妇女儿童接受教育。

c. 设立医院，为当地难民治疗疾病。

d. 援助 2003 年和 2006 年朝鲜洪水水灾，2004 年伊朗地震，2005 年巴基斯坦和爪哇地震，2006 年印度和斯里兰卡南亚海啸。

4. 援助朝鲜同胞，维护朝鲜半岛的和平与统一。2004 年设立和平财团，旨在研究韩民族未来的长期战略，为民族发展做出贡献。设立“好同伴”，旨在谋求朝鲜半岛南北民族和解与合作。对朝鲜贫苦人民及流浪在外的韩民族同胞给予物资等援助，化解南北矛盾，促进南北统一。也是帮助外界了解朝鲜信息情报的重要事业团体。

名人支持

1. 韩国著名影星韩智敏（《大长今》、《李算》、《伟人的遗产》、《复活》等）和著名电视剧编剧卢熙京，积极参与并担任国际消除饥饿疾病文盲机构 JTS 的宣传大使。大使韩智敏多次出访菲律宾等国进行慈善访问，参与街头募捐活动，筹备校园建设活动。

2009年12月19日，在明洞的“爱之校”筹建街头募捐活动中，韩国艺人韩智敏、“名品鼻子”闵孝琳、尹素怡、朴智英、金汝真、全艺瑞、裴宗玉，著名电视编剧、作家卢熙京等一同在街头募捐。

2. 首尔大学哲学教授沈在龙邀请大师在位于首尔的净土法堂进行“禅与21世纪”的特别对话。

3. 2007年被评选为“韩国现存最受尊敬的佛学大师”。

2007年，《佛教与文化》杂志与《法宝日报》共同主办，对300多位大师、住持、议员等进行了“韩国佛教界最受尊敬的大师”的调查，排名前六名分别是：元晓大师，圣澈大师，智光大师（Ven. Pomnyun Sunim），万海大师，清华大师，法顶大师。前两位分别为韩国历史上著名的佛教大师，其中，第三名智光大师（Ven. Pomnyun Sunim）被认证为“韩国现存最受尊敬的佛学大师”。

——消息来源：《韩民族报》

获奖情况

1998. 11. 12　获得教保环境文化奖（社会教育领域）——韩国佛教环境教育院颁发

2000. 08. 09　获得万海布道奖

2002. 08. 31　获得被誉为“亚洲诺贝尔和平奖”的拉蒙·麦格塞塞奖（和平与国际理解部门）

2006. 11. 22　获得江原道非武装地带和平与南北交流合作奖

2007. 12. 13　获得第五届民族和解奖

大师，我人生中坚强的后盾

——卢熙京（著名电视剧编剧）

为了孝敬我最挚爱的母亲，我曾发誓，一定要打败所有人，站在事业的最巅峰。为了达到目的我甚至可以不择手段。“友善待人吧，即使他不能回报你什么”，类似这样的箴言对我来说如同虚无。可不知从哪天起，我开始反省自己，这才发现自己早已经沦落为一个为了胜利，恣意压制他人、不懂关怀、令人心寒的人。

更让我自己都感到担忧的是，我对这些不当手段的运用日益纯熟，而它们在人们眼中也习以为常。我终于明白，我在世上活了三十七年，却只不过是在用表面上的无限风光麻痹着自己，也欺骗着世人。这时我有幸遇上了大师。说实话，我与大师的初遇并不怎么愉快。再诚实一点，我承认当时不仅称不上愉快，我简直是生了无名火，那股火气在身体里四处冲撞，使我浑身上下都疼痛起来。而且这痛苦不只持续了一两天，而是生生延续了好几年。

就在我把写书当作至高无上的光荣，自诩为众人之师而洋洋自得时，就在我以为自己已“博览群书”尽知天下事时，不知是沾了什么晦气，惹上什么孽缘，竟遇上了这个之后一直让我感觉到心灵不安的大师。我反复自问，答案是“我太贪生”。现在想来，当时的我很可能会抛下一句“这个和尚真是莫名其妙!”就不再理睬。可我却闷着一肚子气，翻开了大师的书，并遵从大师的理念行事。不知不觉间我发现，过去的人生中我过得太沉重，太孤独，太想过得好，太渴望与有了裂痕的朋友重归于好，太渴望幸福。

现在大师的书总是伴我左右。读书的过程中，我时不时地被自己那如同粘糊糊的脓疮般丑陋的自大无知所刺痛，但却不再感到愤怒和难过。不，别说生气了，我甚至偶尔会嘻嘻地笑出来，同时于不觉中如释重负地叹一口气。因为我明白，既然终归是要除去的脓疮，倒不如就借助大师快、狠、准的手术来实现，这反而是我的一大幸事。这是我与大师相识六年后的领悟。

我觉得，对那些只需要依靠“我比别人强”的自欺欺人之想法来安慰自己的人，大师的书似乎太过犀利尖锐，读起来心中难免刺痛。对那些总想打败别人，只从胜利中寻找喜悦的人，大师的书也不会像其它书那样轻松易读。而那些疯狂迷恋金钱或名誉，且为此而焦躁不安的人在读到此书时，恐怕也感动不起来。但是，那些不知不觉间疏远了自己所爱之人而为此惋惜不已的人们，以及冷眼看世界、品尝寂寞之苦的人们，还有那些迫切渴求幸福的人，和哪怕只有一次曾祈祷自己能成为自己人生的希望的人们啊，我能毫不犹豫地断言，这本书绝对会成为你们巨大的安慰。

附：卢熙京，韩国著名电视剧编剧，代表作有《他们生活的世界》《谎言》《比花还美》《再见，单身》《生活如歌》（最佳编剧奖作品）等一系列高收视率作品，培养了众多实力派演员，是韩国最著名的电视编剧之一。